Über den Autor

Dr. Rick Warren ist der Gründer der *Saddleback Church*, einer 30 000 Mitglieder starken Gemeinde in Kalifornien mit Ablegern in vielen großen Städten der Welt. Als Theologe hat er in Oxford, Cambridge, Harvard, an der *University of Judaism* in Los Angeles und vielen anderen Universitäten gelehrt, als globaler Stratege vor den Vereinten Nationen, dem Weltwirtschaftsforum in Davos, dem Aspen-Institut, dem US-Kongress und Parlamenten weltweit gesprochen.

Er wurde bekannt durch den Bestseller *Leben mit Vision (The Purpose-driven Life)*, der in 85 Sprachen übersetzt und weltweit über 50 Millionen Mal verkauft wurde.

Rick Warren

Gottes Traum für dich

RICK WARREN

Gottes Traum FÜR DICH

Die **6 Phasen** deiner **persönlichen Entwicklung**

...und was sie mit **deinen Lebensträumen** zu tun haben

Aus dem Englischen von Renate Hübsch

Inhalt

Kapitel 1

Was der Glaube mit Träumen zu tun hat

„Ich weiß genau, welche Pläne ich für euch gefasst habe", spricht der Herr. „Mein Plan ist, euch Heil zu geben und kein Leid. Ich gebe euch Zukunft und Hoffnung."

Jeremia 29,11

Wir wurden geschaffen, um zu träumen.

Zu träumen spielt bei der Weiterentwicklung unseres Glaubens eine wesentliche Rolle. Es hilft uns, zu den Menschen zu werden, die Gott in uns sah, als er uns schuf. Zwischen unseren Träumen und unserem Glauben, zwischen unserer Vorstellungskraft und unserem geistlichen Wachstum besteht eine wichtige Verbindung: Ohne einen Traum tritt man leicht auf der Stelle. Aber mit Träumen, die von Gott inspiriert sind, haben wir fast unbegrenzte Möglichkeiten.

Noch bevor wir unseren ersten Atemzug getan haben, hatte Gott bereits die Gabe der Vorstellungskraft in uns hineingelegt. In jeder Zelle unseres Körpers hat Gott Kreativität verankert. In der Bibel können wir nachlesen, dass wir nach Gottes Ebenbild geschaffen wurden.[1] Zu dieser

Ebenbildlichkeit gehört auch die Fähigkeit, zu träumen und etwas aus dem Nichts zu erschaffen.

....

Ein großer Traum ist ein persönliches Glaubensbekenntnis.

....

Die Fähigkeit, von etwas zu träumen, das man noch nicht erlebt hat, ist eine gottgegebene Begabung, die uns Menschen vom Rest von Gottes Schöpfung abhebt. Fische können sich nicht vorstellen, zu fliegen oder auch nur außerhalb des Wassers zu leben. Vögel können sich nicht vorstellen, unter Wasser zu leben. Aber die Menschen träumen seit Jahrhunderten von beidem und von noch so viel mehr.

Träumen ist ein wichtiger Teil dessen, was uns zu Menschen macht. Menschen sind in der Lage, große Träume zu träumen. Oft träumen sie schon Jahre, bevor diese Dinge Wirklichkeit werden, davon, etwas zu erschaffen. Alles, was die Menschheit in ihrer Geschichte erreicht hat, begann mit einem Traum. Napoleon sagte einmal treffend: „Vorstellungskraft regiert die Welt!"

Unsere Träume prägen in hohem Maß unsere Identität, unser persönliches Wohlbefinden, unsere Errungenschaften und das Maß unserer Zufriedenheit. Aber nicht nur in dieser Hinsicht profitieren wir von Träumen, die von Gott inspiriert sind. Träumen hat noch eine weitaus wichtigere Bedeutung. Träumen hat auch Auswirkungen *für die Ewigkeit.* Träume sind nicht selten der erste Schritt, den Gott benutzt, um unser Leben zum Besseren zu verändern. Alles beginnt mit einem Traum.

Gott träumt auch. Sehen wir uns nur einmal um! Alles, was in diesem Universum existiert, hat Gott sich ausgedacht. Schon im ersten Satz des ersten Verses des ersten Kapitels der Bibel stößt man auf Gottes Kreativität. In 1. Mose 1,1 heißt es: *„Im Anfang schuf Gott …“*[2] Alles, was existiert, hat Gott erdacht und durch etwas, das er sagte, ins Dasein gerufen. Alles begann in seinen Gedanken. Im Johannesevangelium lesen wir: *„Durch ihn wurde alles geschaffen, was ist. Es gibt nichts, was er, das Wort, nicht geschaffen hat. Das Leben selbst war in ihm, und dieses Leben schenkt allen Menschen Licht.“*[3]

Wir müssen nur die Natur betrachten und können schon viel über Gott lernen. Wir können sehen, dass Gott mächtig ist. Wir können sehen, dass Gott Schönheit liebt. Wir können sehen, dass Gott sich um die Details kümmert. Wir können sehen, dass Gott gut plant und durchorganisiert ist. Er hat die unterschiedlichsten Elemente und Systeme geschaffen, die miteinander in Beziehung stehen – in den Galaxien, in unserer Umwelt, in unserem Körper und auf andere Weise. Die Wissenschaft entdeckt immer wieder neue Zusammenhänge zwischen Systemen, die uns vorher nicht bekannt waren.

Vor allem aber sehen wir in der Natur Gottes *Kreativität.* Unser Schöpfer ist unglaublich kreativ. Denke nur an all die Pflanzen und Tiere, die unseren Planeten bevölkern! Er hat sich Millionen von unterschiedlichen Lebewesen ausgedacht – und dann hat er dich erschaffen. Er hat auch dir die Fähigkeit gegeben, etwas zu erschaffen, indem er dir die Fähigkeit gab, zu träumen, dir etwas vorzustellen und zu planen.

Von Kindheit an sind wir kreative Träumer. Wir lernen, indem wir uns etwas ausdenken. Oftmals träumen wir davon, Dinge zu tun, lange bevor wir sie dann tatsächlich tun. Ja, Kinder sind instinktiv kreative Träumer, die sich alles Mögliche vorstellen, von dem Erwachsene wissen, dass es „unmöglich" ist. Und was passiert mit dieser fröhlichen Kreativität und Träumerei? Sie wird unterdrückt, erstickt, ausgetrocknet, zugeschüttet und im Laufe der Zeit von anderen zerstört. Das ist tragisch, aber wahr. Je älter wir werden, desto weniger lassen wir normalerweise unserer Fantasie freien Lauf oder werden kreativ.

Was das mit deiner geistlichen Entwicklung zu tun hat? Alles! Genau darum geht es in diesem Buch. Wie ich schon sagte: Den meisten Menschen ist nicht bewusst, wie eng Träumen und Glauben zusammenhängen. Aber die großen Glaubenshelden waren nicht selten auch große Träumer. Sie hörten nach dem Ende ihrer Kindheit einfach nicht auf zu träumen. Die Bibel enthält unzählige Beispiele dafür, dass erwachsene Menschen träumen: Abraham, Josef, Mose, Rut, Ester und viele andere. Anstatt sich damit zufriedenzugeben, dass die Welt so ist, wie sie eben ist, malen sich Menschen mit einem starken Glauben die Möglichkeiten aus, die sich eröffnen könnten, wenn sie Gott nur ein bisschen mehr vertrauen würden.

Großer Glaube inspiriert große Träume.

Große Träume erfordern großen Glauben.

Ein großer Traum ist ein persönliches Glaubensbekenntnis. Das gilt in vielerlei Hinsicht. Den eigenen Traum öffentlich zu verkünden, erfordert Glauben, denn wahrscheinlich werden andere diesen Traum ablehnen, kritisieren oder infrage stellen. Sich mutig eine bessere Zukunft für sich selbst, für die eigene Familie oder für andere vorzustellen oder davon zu träumen, ist ein Akt des Glaubens. Man sagt damit: „Ich glaube, dass sich die Dinge ändern und anders sein *können,* und ich glaube, dass Gott mich dazu befähigen wird, diese Veränderung auch herbeizuführen!" Gott freut sich immer darüber, wenn wir ihm vertrauen. *„Es ist aber unmöglich, dass Gott an jemand Gefallen hat, der ihm nicht vertraut. Wer zu Gott kommen will, muss ja fest damit rechnen, dass es ihn gibt und dass er die Menschen belohnt, die ihn suchen"* heißt es im Hebräerbrief.[4]

Und ich glaube, Gott freut sich, dass gerade du gerade dies gerade jetzt liest. Du bist Gott wichtig und er hat gute Absichten für dein Leben. Dies kann der Beginn von etwas Wunderbarem sein.

....

Während du an der Verwirklichung deines Traums arbeitest, wird Gott an deinem Charakter arbeiten.

....

In diesem kurzen Buch werde ich die sechs Phasen des Prozesses erläutern, den Gott meines Erachtens benutzt, um unseren Glauben zu vertiefen und unseren Charakter zu formen – ein Prozess, der sich im Leben der Menschen, von denen wir in der Bibel lesen, immer wieder erkennen lässt. Und was noch wichtiger ist: Dieser Prozess des geistlichen Wachsens wird sich auch in *deinem Leben* wiederholen, denn dadurch führt Gott dich zu geistlicher und emotionaler Reife.

Der Wachstumsprozess beginnt mit dem Träumen, aber das Träumen ist nur die erste Phase. Es gibt fünf weitere Phasen, und wenn du nicht verstehst, auf welch vielfältige Weise dein Traum (und dein Glaube) vermutlich auf die Probe gestellt wird, wirst du vielleicht geneigt sein aufzugeben, wenn sich Schwierigkeiten einstellen. Aber das Träumen ist der Schritt, der den Ball ins Rollen bringt. Es ist ein Katalysator für persönliche Veränderung. Und genau darum geht es Gott vor allem: Er will uns auf das Leben mit ihm in der Ewigkeit vorbereiten.

Ich verrate dir ein kleines Geheimnis: *Du* bist vielleicht vor allem daran interessiert, hier auf Erden deinen Traum zu verwirklichen; aber *Gott* ist vor allem daran interessiert, deinen Charakter für den Himmel zu formen. Warum? Weil Gott langfristige Absichten für dich hat, die weit über deine kurze Zeit hier auf der Erde hinausgehen. Gott sieht weiter als wir. Er betrachtet dein Leben im Hinblick auf die Ewigkeit. Tatsache ist: *Jedes* Ziel und jeder Traum, den wir uns hier auf der Erde ausmalen, werden nur von kurzer Dauer sein, weil alles auf dieser Erde vergänglich ist. Wir sind nur auf der Durchreise. Dies ist bloß die Aufwärmphase, bevor die eigentliche Show stattfindet – auf der anderen Seite, auf der des Todes. Unser Leben auf der Erde ist nicht von Dauer. Aber das Leben in der Ewigkeit wird nie enden.

Wenn wir sterben, können wir unsere Karriere nicht mit in den Himmel nehmen. Und unsere Kleidung, unsere Autos oder unser Geld auch nicht. Das alles werden wir zurücklassen. Das Einzige, was wir in die Ewigkeit mitnehmen werden, sind wir selbst! Das heißt: unseren Charakter und die Persönlichkeit, die wir durch unsere Entscheidungen herausgebildet haben. Paulus sagt das ganz unverblümt: *„Was haben wir denn in die Welt mitgebracht? Nichts! Was können wir aus der Welt mitnehmen? Nichts!“*[5]

Deshalb ist es für Gott viel wichtiger, zu welcher Art Mensch du in deiner Zeit auf der Erde *wirst,* als was du *tust,* während du hier bist. Während du also an der Verwirklichung deines Traums arbeitest, wird Gott an deinem Charakter arbeiten.

Hier ist die gute Nachricht: Gott verspricht, dass er die Umgestaltung unseres Herzens übernehmen wird, wenn wir mit ihm zusammenarbeiten. Paulus ermutigt uns: *„Ich bin ganz sicher, dass Gott, der sein gutes Werk in euch angefangen hat, damit weitermachen und es vollenden wird bis zu dem Tag, an dem Christus Jesus wiederkommt.“*[6]

Hier gilt es also, eine erste Entscheidung zu treffen: Wirst du dich für Gottes Traum für dein Leben entscheiden oder für deinen eigenen Traum? Oder wirst du dir den Traum von jemand anderem vorgeben lassen?

....

**Gottes Traum zu entdecken
und ihn zu verfolgen ist
kein Glaubensschritt,
sondern ein Glaubensweg.**

....

Lass dir es mich deutlich sagen: Gott hat *nicht* versprochen, alles zu segnen, was wir uns erträumen! Und warum? Weil nicht unbedingt alle unsere Träume, Ziele, Leidenschaften und Ambitionen gut für uns sind. Manche Träume sind nicht gerade förderlich. Manche sind schädlich. Manche Träume enden als Albträume und manche führen in eine Katastrophe. *„Mancher Mensch hält seinen Weg für den richtigen, aber am Ende führt er ihn in den Tod"*, werden wir in der Bibel gewarnt.[7]

Deshalb bist du gut beraten, dich für Gottes Traum für dein Leben zu entscheiden und nicht für deinen eigenen. Gottes Traum für dein Leben ist unendlich viel besser als jeder Traum, den du dir selbst ausdenken könntest. Ihn zu verwirklichen, wird nicht einfach sein, und es wird auch nicht schnell gehen. Dieses Buch wird dir das näher erläutern. Aber es wird sich lohnen.

Gottes Traum für dich ist kein nachträglicher Einfall. Schon bevor er dich im Mutterleib formte, wusste er, was er mit dir vorhatte, und er schuf dich genau zu diesem Zweck. *„Denn wir sind Gottes Schöpfung. Er hat uns in Christus Jesus neu geschaffen, damit wir die guten Taten ausführen, die er für unser Leben vorbereitet hat."*[8]

Gott hat uns versprochen: *„Denn ich weiß genau, welche Pläne ich für euch gefasst habe ... Mein Plan ist, euch Heil zu geben und kein Leid. Ich gebe euch Zukunft und Hoffnung"* (Jeremia 29,11). Gott hat gute Absichten für dein Leben. Du wärst nicht hier, wenn er nicht eine Bestimmung für dich hätte. Paulus schreibt in Kolosser 1, Vers 16: *„Alles ist durch ihn geschaffen und vollendet sich schließlich in ihm."*[9] Das gilt auch für dich. Gott macht keine Fehler. Er tut nie etwas aus Versehen. Er überlegt es sich nicht später noch mal anders. Er hat dich zu einem bestimmten Zweck geschaffen und er hat einen Traum für dein Leben.

Gottes Traum zu folgen ist unendlich viel lohnender als

alles, was du dir selbst erträumen könntest. Das liegt daran, dass Gottes Traum für dein Leben Auswirkungen für die Ewigkeit hat. Er will nicht, dass du nur für das Hier und Jetzt lebst. Er möchte, dass du mit Ewigkeitsperspektive lebst. Du wirst wahrscheinlich gut achtzig Jahre auf dieser Erde verbringen, aber im Himmel wirst du in alle Ewigkeit sein – und so weit reichen auch Gottes gute Absichten für dich.

„Gott kann alles tun, wisst ihr – viel mehr, als ihr euch jemals vorstellen oder erahnen oder in euren kühnsten Träumen erbitten könntet!"[10]

Ich weiß nicht, wie es dir geht – ich zumindest habe ziemlich kühne Träume. Aber Gottes Traum übersteigt alles, was ich mir vorstellen kann. Und ich kann dir sagen: Gottes Traum zu verfolgen dürfte das größte Abenteuer werden, das du je erleben wirst.

Machen wir uns noch einmal klar, was wir gewinnen, wenn wir Gottes Traum für unser Leben verfolgen: Es vertieft unseren Glauben, es verleiht uns mehr Mut und formt unseren Charakter; es erweitert unsere Vorstellungskraft, unseren Horizont und unsere Perspektive; es klärt unsere Prioritäten, schärft unser Denken und fokussiert unsere Energie; und in jedem Fall lässt es uns Neues über das Mysterium und die Herrlichkeit Gottes entdecken. Kaum etwas anderes im Leben kann das leisten, was Gottes Traum für uns tun wird. Nichts kann uns so große Erfüllung schenken, als das zu tun, wozu Gott uns geschaffen hat.

In Gottes Traum eintauchen

Auf viele Dinge im Leben haben wir keinerlei Einfluss. Wir haben uns unsere Eltern nicht ausgesucht. Wir haben uns nicht ausgesucht, wann oder wo wir geboren wurden. Wir haben uns unsere Hautfarbe oder unser Geschlecht nicht ausgesucht. Aber es gibt eine Entscheidung, über die wir die volle Kontrolle haben: die Entscheidung, ob wir Gottes Einladung annehmen, seinen Traum für unser Leben zu verfolgen.

Wie finden wir also heraus, was Gottes Traum ist? Und vor allem: Wie verfolgt man diesen?

Gottes Traum zu erkennen und ihn zu verfolgen ist immer wieder ein Akt des Glaubens. Sein Traum wird uns in der Regel nicht in allen Einzelheiten im Vorhinein dargelegt. Wir entdecken ihn Schritt für Schritt. Oder wie es in der Bibel heißt: *„Der Weg der Gottesfürchtigen ist wie der erste Sonnenstrahl am Morgen, der immer heller leuchtet, bis das volle Licht des Tages erstrahlt."*[11] Das bedeutet, es „dämmert" uns nach und nach, was Gottes Traum für uns sein könnte. Mit jedem Schritt, den wir gehen, erschließt er sich uns ein bisschen mehr.

Diesen Gott-Traum zu verfolgen, erfordert auch eine Menge Geduld. Geduld gehört zu den Werkzeugen, die Gott häufig einsetzt, um unseren Glauben zu vertiefen. Tatsächlich braucht man mehr Glauben, um auf die Erfüllung von etwas zu warten, als um ein Risiko einzugehen, denn das Warten zwingt uns zu einer Entscheidung: Werde ich Gott weiterhin vertrauen oder werde ich aufgeben und den Traum nicht weiterverfolgen?

In Jesaja 7,9 heißt es: *„Wenn ihr nicht glaubt, dann werdet ihr nicht bestehen."* Wie ist es um deinen Glauben bestellt? Ist er stark oder ist er schwach? Ist er beständig oder erschöpft? Es ist wichtig, diese Frage für sich zu beantworten, denn Jesus sagte: *„Alles ist möglich für den, der glaubt."*[12] Und: *„Weil ihr glaubt, wird es geschehen."*[13] Mit anderen Worten: Von unserem Glauben hängt viel ab! Unser Glaube hat Einfluss darauf, wie sehr Gott unser Leben segnet.

Vielleicht denkst du, dein Glaube sei nicht stark genug, um Gottes Traum zu verfolgen. Doch, das ist er! Dein Glaube reicht aus, um den ersten Schritt zu tun. Jesus hat gesagt, dass man nur den Glauben von der Größe eines Senfkorns braucht, um einen Berg zu versetzen. Dein Glaube ist winzig? Dann mach einfach einen winzigen Schritt. Wenn du das tust, wird dein Glaube wachsen und du kannst den nächsten Schritt tun.

Der Glaube ist wie ein Muskel. Er muss trainiert und entwickelt werden. Ich denke, Gott handelt oft nach einem erkennbaren Muster, und er nutzt einen Prozess, um Glauben in uns wachsen zu lassen. Ich bezeichne diesen gern als die *sechs Phasen des Glaubens*. Wenn du diese sechs Phasen verstehst, kannst du besser mit Gott zusammenarbeiten, wenn es darum geht, deinen Glauben zu vertiefen und deinen Charakter zu formen, während du das große Abenteuer erlebst, Gottes Traum für dein Leben zu verfolgen.

Die sechs Phasen des Glaubens

Es gibt eine Frage, die mir als Seelsorger am häufigsten gestellt wird: „Warum passiert mir das? Ich verstehe das nicht. Ich dachte, ich verfolge Gottes Traum, aber jetzt würde ich am liebsten aufgeben." Kommt dir das bekannt vor? Wenn ja, hilft es dir vielleicht, dich mit den sechs Phasen des Glaubens zu beschäftigen. Sonst entwickelst du unter Umständen einen leisen Groll oder sogar Depressionen. Du bist unter Umständen anfälliger für Sorgen und Zukunftsängste. Vor allem aber wirst du schwerer in der Lage sein, an dem mitzuwirken, was Gott in deinem Leben tun will. Doch wenn du die sechs Phasen verstehst, die Gott uns oft auf dem Weg des Glaubens durchlaufen lässt – und das nicht nur einmal, sondern immer wieder –, kannst du sagen: „Oh, ich verstehe, ich bin gerade in Phase vier" oder in Phase sechs oder in Phase zwei. Du wirst nachvollziehen können, was wahrscheinlich gerade vor sich geht, und du wirst nicht so schnell entmutigt sein, wenn es schwierig wird.

Deshalb möchte ich nun die sechs Phasen des Glaubens kurz vorstellen und erklären, welche Rolle sie spielen, wenn du dich entscheidest, Gottes Traum für dein Leben zu verfolgen. In den folgenden Kapiteln werden wir dann jede Phase vertiefen.

Phase 1: Traum

Wie vertieft Gott unseren Glauben? Ich denke, es beginnt immer mit einem Traum. Es passiert selten etwas, bevor man anfängt zu träumen. Man braucht eine Idee, eine Vision, ein klares Bild oder ein Ziel. Wenn Gott in unserem Leben wirken will, schenkt er uns einen Traum – er zeigt uns, was wir tun sollen und welchen positiven Einfluss wir auf diese Welt haben könnten.

Im nächsten Kapitel werde ich darstellen, wie man herausfindet, wie dieser Traum Gottes für unser Leben aussieht.

Phase 2: Entscheidung

Du musst bewusst die Entscheidung treffen, den Traum zu verfolgen! Es wird nichts aus deinem Traum, wenn du nicht aufwachst und ihn in die Tat umsetzt. Auf zehn Träumer kommt nur einer, der diese Entscheidung auch wirklich trifft. Und unser Glaube wird auch nur dann wachsen, wenn wir die Entscheidung fällen, das Risiko einzugehen.

In Kapitel 3 werde ich sechs biblische Grundsätze dafür erläutern, wie man kluge Entscheidungen trifft.

Phase 3: Verzögerungen

Wenn wir unseren Traum verfolgen, werden wir uns irgendwann in einem „Wartezimmer" wiederfinden. Warum lässt Gott uns warten? Weil Gott *unsere Persönlichkeit* formen will, bevor er unser Projekt Wirklichkeit werden lässt. Der Zweck der Wartezeit besteht darin, dass wir lernen, Gott zu vertrauen und Geduld zu haben, wenn sein Zeitplan anders aussieht als unserer. Wie wir mit den göttlichen Wartezimmern des Lebens umgehen, ist ein klarer Indikator dafür, wie stark unser Glaube ist.

In Kapitel 4 werde ich zeigen, wie wir bei der Stange bleiben können, wenn die Realisierung unseres Traumes auf sich warten lässt.

Phase 4: Schwierigkeiten

Wir werden nicht nur Phasen erleben, in denen wir warten müssen, wir werden während dieser Zeit des Wartens vermutlich auch mit Problemen oder Herausforderungen konfrontiert werden. Selbst wenn unser Traum mit Gottes Traum für uns im Einklang ist, wird das Ganze wahrscheinlich nicht ohne Probleme ablaufen, denn Gott formt unseren Glauben und unseren Charakter.

In Kapitel 5 werde ich einige Tipps für den Umgang mit Schwierigkeiten vorstellen. Die Schwierigkeiten werden vielleicht so groß, dass wir an unsere Grenzen stoßen. Wir haben alles versucht, haben alle Möglichkeiten ausgeschöpft … und nun haben wir die fünfte Phase des Glaubens erreicht.

Phase 5: Sackgassen

In der Sackgassenphase verschlechtert sich die Situation von „schwierig" zu „unmöglich". Wenn du dich in dieser Phase befindest – herzlichen Glückwunsch! Du befindest dich da in guter Gesellschaft. Selbst der Apostel Paulus erlebte derartige „Sackgassen". In seinem 2. Brief an die Korinther schrieb er: *„Wir wollen unbedingt, dass ihr das wisst, Schwestern und Brüder, in welche Bedrängnisse wir in der Provinz Asia geraten sind. Es ist wirklich so: Wir sind in so große Schwierigkeiten geraten, dass es nicht mehr auszuhalten war. Es war mehr, als wir ertragen konnten, sodass wir schließlich am Leben selbst verzweifelten. Wir hatten dabei schon längst alle Hoffnung aufgegeben, dass wir noch einmal dem Tod entrinnen könnten. Das hatte zur Folge, dass wir unser Vertrauen nicht auf uns selbst setzten, sondern auf Gott, der in der Lage ist, die Toten wieder zum Leben zu erwecken."*[14] Ja, Gott kann Menschen nicht nur körperlich auferwecken, er kann Menschen auch seelisch von den Toten auferstehen lassen. Er kann eine tote Ehe wiedererwecken. Er kann eine tote Karriere wiederauferstehen lassen. Er kann neues Leben einhauchen, wo alle Hoffnung gestorben ist.

In Kapitel 6 werde ich beschreiben, wie wir auch in Sackgassen am Glauben festhalten können.

Phase 6: Rettung

Am Ende befreit Gott aus der Sackgasse. Er vollbringt ein Wunder. Er zeigt eine Lösung auf. Gott liebt es, Kreuzigungen in Auferstehungen, Hoffnungslosigkeit in Erfolge und Sackgassen in Auswege zu verwandeln. Und warum? Weil er den Ruhm erntet.

In Kapitel 7 werde ich darlegen, wie der Schlüssel zur Rettung aussieht.

In welcher Phase befindest du dich?

Hat Gott dir einen Traum geschenkt? Um diese Frage geht es in Phase 1. Wenn du keinen Traum hast – lebst du dann eigentlich wirklich oder existierst du nur?

Vielleicht befindest du dich ja in Phase 2. Gott hat dir einen Traum geschenkt, aber du hast noch nicht die Entscheidung getroffen, ihn zu verfolgen. Du zögerst, bist unschlüssig. Du meinst, dass du auf grünes Licht von Gott wartest, dabei wartet Gott auf dich. In der Entscheidungsphase lautet Gottes Botschaft: „Trau dich!“ Der Himmel feuert dich an!

Vielleicht befindest du dich aber auch gerade in Phase 3. Du hast einen Traum und die Entscheidung getroffen, ihn zu verfolgen, aber jetzt verzögert sich das Ganze. Du fragst Gott: „Warum hast du mein Gebet noch nicht erhört?" Wenn du dich jetzt in Phase 3 befindest, mach dir bewusst: Du sitzt gerade in Gottes Wartezimmer. Schlag jetzt keinen Umweg ein, aber eile Gott auch nicht voraus. Warte, bis er die richtige Tür öffnet.

Vielleicht befindest du dich in Phase 4 – du wirst gerade auf die Probe gestellt. Mit welchen Schwierigkeiten bist du konfrontiert, während du auf die Erfüllung des Traums wartest? Gott hat auch hier eine Botschaft für dich: „Ich weiß genau, was du durchmachst. Ich sehe es. Ich habe dich im Blick. Glaub nicht, dass ich dich vergessen habe, denn das ist nicht der Fall."

Oder vielleicht bist du in Phase 5 und denkst: *Ich bin an meine Grenzen gestoßen. Ich stecke in einer Sackgasse fest. Am liebsten würde ich aufgeben.* Nun, du bist genau da, wo Gott dich haben will. Er hat eine Botschaft für dich: „Halte durch! Glaube weiter! Gib nicht auf!" Du stehst an der Schwelle zu Phase 6: Rettung.

Rechnest du damit, dass Gott dir helfen wird? Auf Gott ist Verlass. Was er zu tun verspricht, wird er auch tun. Wo Gott führt, sorgt er auch für uns. Aber das geschieht nicht auf Knopfdruck. Du wirst wahrscheinlich die Phasen des Träumens, der Entscheidung, der Verzögerungen, der Schwierigkeiten und der Sackgassen durchlaufen ... und dann kommt die Rettung.

**Wo Gott führt,
sorgt er auch für uns.**

Schauen wir uns den Vers aus dem Epheserbrief noch einmal an: „*Gott kann alles tun, wisst ihr – viel mehr, als ihr euch jemals vorstellen oder erahnen oder in euren kühnsten Träumen erbitten könntet!*“[15]

Es ist, als wollte Gott zu dir sagen: „Denk an den größten Traum, den du für dein Leben hast – ich kann ihn noch übertreffen.“ Der Traum, den *Gott* für dein Leben hat, ist größer und besser als jeder Ehrgeiz, jedes Ziel oder jeder Wunsch, den du dir selbst ausdenken könntest.

Bist du bereit, das zu tun, wozu Gott dich geschaffen hat?

Gottes Traum wartet auf dich!

Kapitel 2

Gottes Traum für dein Leben entdecken

Gott kann alles tun, wisst ihr – viel mehr, als ihr euch jemals vorstellen oder erahnen oder in euren kühnsten Träumen erbitten könntet. Er tut es nicht, indem er uns herumschubst, sondern indem er in uns wirkt, tief und sanft in uns wirkt durch seinen Geist.

Epheser 3,20–21 (MSG)

Wenn du keinen Traum hast – lebst du dann schon? Oder existierst du nur?

Gottes Traum für dich bestimmt in gewisser Hinsicht dein Schicksal und verleiht deinem Leben Bedeutung. Er ist der Grund, warum du existierst. Er ist dein Lebenszweck. Ohne einen Traum fehlt es deinem Leben an Sinn und Ausrichtung. Ohne einen Traum wirst du vielleicht ständig mit deiner Identität ringen und dich immer wieder fragen, wer du eigentlich bist.

Wenn du Gott kennengelernt hast, gibt es kaum etwas Wichtigeres, als herauszufinden, welchen Traum er für dein

Leben hat. Wenn du entdeckst, warum Gott dich erschaffen hat und welche Absichten er für dich hat, bekommt dein Leben seinen Sinn.

Dafür finden wir viele Beispiele in der Bibel:

- Gott schenkte Noah den Traum, die Welt vor der Flut zu retten.
- Gott schenkte Abraham den Traum, der Vater einer großen Nation zu werden.
- Gott schenkte Josef den Traum, ein Anführer zu sein.
- Gott schenkte David den Traum, einen Tempel zu bauen.
- Gott schenkte Nehemia den Traum, die Mauer um Jerusalem wiederaufzubauen.
- Gott schenkte Paulus den Traum, nach Rom zu gehen.

Erst wenn man zu träumen beginnt, passiert etwas.

Fakt ist, dass alles mit einem Traum beginnt. Alles, was jemals erschaffen wurde, begann damit, dass irgendjemand es zuerst erträumt hat. Gott hat sich jeden Baum, jeden Berg, jeden Planeten – das gesamte Universum – ausgedacht! Er träumte auch von dir, und dann schuf er dich und gab dir die Fähigkeit, ein Träumer, eine Träumerin zu sein. Du kannst zwar erstaunliche Dinge träumen, aber Gottes Traum – der Gott-Traum – ist maßgeschneidert. Er schenkt dir die Fähigkeit, von neuen Hobbys, neuen Geschäftsmodellen und neuen Initiativen zu träumen, davon zu träumen, wie du etwas bewirken und dein Umfeld verändern kannst, davon zu träumen, die Welt zu beeinflussen. Alles beginnt mit einem Traum.

Wusstest du, dass es drei Arten von Träumen gibt? Ein

Traum – das können die Gedanken und Bilder sein, die wir im Schlaf haben. Nicht alle diese Träume sind gut; bei einigen handelt es sich auch um Albträume. Träume können aber auch Leidenschaften und Ziele sein, die wir im Wachzustand haben, und die sind wichtiger als die Träume, die wir im Schlaf haben.

Aber die wichtigste Art von Traum ist die dritte: Gottes Traum für unser Leben.

Woher wissen wir, ob ein Traum von Gott kommt oder ob wir ihn selbst erdacht haben? Woher wissen wir, ob Gott zu uns spricht oder ob wir vielleicht einfach nur am Vorabend zu viel gegessen haben? Als Kind träumte ich davon, ein Rockstar zu werden und Gitarre spielen zu können. Aber das war *mein* Traum für mich, nicht der Traum, den Gott für mich hatte. Gott hatte einen wichtigeren Traum, einen, der über alles hinausging, was ich mir selbst wünschen oder ausdenken konnte.

Wenn wir prüfen wollen, ob ein Traum von Gott stammt, können wir uns erstens die Frage stellen, ob der Traum Glauben erfordert. Ein Gott-Traum fordert uns immer Glauben ab. Er wird so groß sein, dass wir ihn nicht allein verwirklichen können. Wenn wir ihn aus eigener Kraft realisieren könnten, bräuchten wir keinen Glauben, und *„es ist unmöglich, dass Gott an jemand Gefallen hat, der ihm nicht vertraut"*.[1]

....

Gottes Traum wird niemals im Widerspruch zu Gottes Wort stehen.

....

Zweitens könnten wir uns fragen, ob der Traum mit Gottes Wort im Einklang ist. Ein Gott-Traum wird niemals im Widerspruch zu Gottes Wort stehen. Gott wird dir nicht den Traum schenken, deine Familie zu verlassen, um ein erfolgreicher Schauspieler zu werden. Er wird dich nicht davon träumen lassen, Geschäftspartner zu betrügen, damit du den Erlös dem Bauprojekt deiner Gemeinde spenden kannst. Noch einmal: Gottes Traum wird niemals im Widerspruch zu Gottes Wort stehen.

Ein maßgeschneiderter Traum

Gott hat einen Willen für dein Leben, der *„gut und vollkommen ist und ihm gefällt"*.[2] Dieser konkrete Wille ist kein Einheitsplan, der für alle passt. Gottes Traum für dich ist persönlicher Natur. Er ist maßgeschneidert auf die Art und Weise, wie er dich geschaffen hat.

Es gibt fünf Faktoren, die ausmachen, wer *du* bist:

- deine geistlichen Gaben,
- dein Herz/deine Passion,
- deine Fähigkeiten,
- deine Persönlichkeit,
- deine Lebenserfahrungen.

Du bist der einzige Mensch auf dieser Welt mit deiner einzigartigen, gottgegebenen Mischung dieser Faktoren. Das bedeutet, dass du auch der einzige Mensch bist, der Gottes Traum für dein Leben erfüllen kann. Dieser Gott-Traum ist aber nicht nur individuell, er ist auch positiver Natur. Es entspricht seinem Traum für dich, dir *„Heil ... und kein Leid ..., Hoffnung und Zukunft"* zu geben.[3]

Wie findet man heraus, was der eigene Gott-Traum ist? Schauen wir uns die folgenden fünf Schritte an.

Stell Gott dein gesamtes Leben zur Verfügung

Ich weiß, das klingt sportlich. Aber wenn du willst, dass Gott dir seinen Traum für dein Leben offenbart, musst du bereit sein, das auch zu tun, was er von dir will, noch bevor er es dir sagt. Sag also nicht: „Gott, zeig mir, was ich tun soll, und dann sage ich Ja." Sag einfach Ja, und dann wird er dir zeigen, was du tun sollst. Vertraue seinen guten Gedanken über dich.

In Römer 12,1 heißt es: *„Stellt euer ganzes Leben Gott zur Verfügung! Bringt euch Gott als lebendiges Opfer dar, ein Opfer völliger Hingabe, an dem er Freude hat."*[4] Um Gottes Willen zu erfüllen, muss man sich selbst Gott „darbringen", sagt Paulus. Das bedeutet, dass wir jeden Teil unseres Lebens – unsere Zeit, unsere Begabungen, unsere Besitztümer, unsere Beziehungen, unsere Vergangenheit, unsere Gegenwart und unsere Zukunft – Gottes Zielen zur Verfügung stellen. Opfere deine Pläne seinen Plänen. Gib die Kontrolle über dein Leben an ihn ab, der dich besser kennt, als du dich selbst. Und der möchte, dass dein Leben gelingt.

Weiter heißt es bei Paulus: *„Passt euch nicht den Maßstäben dieser Welt an. Lasst euch vielmehr von Gott umwandeln,* *damit euer ganzes Denken erneuert wird. Dann könnt ihr euch ein sicheres Urteil bilden, welches Verhalten dem Willen Gottes entspricht, und wisst in jedem einzelnen Fall, was gut und gottgefällig und vollkommen ist.*"[5]

„Anpassen" bedeutet, etwas in eine Form zu bringen. In „umwandeln" schwingt mit, dass etwas von innen heraus verändert, erneuert wird – und zwischen beidem besteht ein großer Unterschied. Gott möchte dich umgestalten, indem er die Art und Weise verändert, wie du über ihn, über dich selbst, über das Leben und die Welt denkst. Ich glaube, dass Menschen vor allem deshalb Gottes Traum für ihr Leben entgeht, weil sie versuchen, sich dem Rest der Welt anzupassen. Sie werden zu einer Kopie von jemand anderem, anstatt die Person zu sein, als die Gott sie erschaffen hat. Wenn du dich ernsthaft mit Gottes Traum für dein Leben beschäftigen willst, dann musst du entscheiden, ob du dich anpassen oder ob du dich von ihm verwandeln lassen willst. Willst du dich mit einem „angenehmen Leben" zufriedengeben, oder willst du einem Leben nachjagen, an dem Gott Gefallen hat? Willst du dich an den Maßstäben der Welt orientieren oder an Gottes Maßstäben?

In Hebräer 12,1 heißt es: „[Wir wollen] *jede Last ablegen, die uns behindert, besonders die Sünde, in die wir uns so leicht verstricken. Wir wollen den Wettlauf bis zum Ende durchhalten, für den wir bestimmt sind.*" Gott hat einen besonderen „Lebenslauf" für dich vorgesehen. Wenn du deinen Blick immer auf andere Menschen richtest, wirst du versucht sein, deren Rennen zu laufen, und dieses Rennen kannst du auf keinen Fall gewinnen. Um Gottes Willen zu erkennen, musst du aufhören, dich den Maßstäben der Welt anzupassen, und dich von Gott in die Person verwandeln lassen, als die er dich erschaffen hat.

Wie ist Gottes Wille? Er ist gut, wohlgefällig und vollkommen (Römer 12,2; SLT). In dem griechischen Wort, das hier mit „vollkommen" übersetzt wird, schwingt mit, dass Gottes Wille perfekt zu dir passt – du bist genau so, wie du sein willst, sein sollst, sein könntest und sein musst. Mit anderen Worten: Du bist genau das, wozu du geschaffen wurdest.

Wenn du also Gottes Traum für dein Leben entdecken willst, musst du zuerst dein gesamtes Leben Gott anvertrauen. Der Apostel Paulus sagt in Apostelgeschichte 20,24: *„Doch halte ich mein persönliches Ergehen und mein Leben für nicht der Rede wert. Wichtig ist nur, dass ich das Ziel erreiche und den Auftrag erfülle, den ich von Jesus, unserem Herrn, erhalten habe."*

Hast du das schon getan? Hast du Gott dein Leben anvertraut? Wenn du Gottes Traum für dein Leben verwirklichen willst, ist das ein Weg des Glaubens, und der allererste Schritt besteht darin, dass du dein Vertrauen auf Jesus Christus setzt und darauf, dass er dir deine Schuld vergibt. Das ist der Ausgangspunkt. Jesus hat dir bereits seine Vergebung angeboten. Er hat den Preis für deine Sünden bezahlt, als er am Kreuz starb. Du musst nichts weiter tun, als ihm zu vertrauen und alle deine Lasten bei ihm loszuwerden.

Im Johannesevangelium heißt es: *„All denen aber, die ihn aufnahmen und an seinen Namen glaubten, gab er das Recht, Gottes Kinder zu werden."*[6] Vertraue darauf, dass Jesus für deine Schuld gestorben ist und dass Gott ihn von den Toten auferweckt hat, und nimm sein Geschenk der Vergebung an. Du musst keine Prüfungen bestehen, keine Hürden überspringen und nichts bezahlen – Jesus hat deine Schuld und deine Lasten am Kreuz getragen. Nimm einfach seine Vergebung an, indem du ihm vertraust.

Wenn du dein Herz noch nie für Jesus Christus geöffnet hast, lade ich dich ein, jetzt dieses Gebet zu sprechen:

Gott, ich weiß, dass du mich geschaffen hast. Du hast mich geschaffen, damit du mich lieben kannst und damit ich dich liebe. Heute möchte ich mich von meinen Plänen abwenden und mich deinem Willen für mein Leben zuwenden. Bitte vergib mir meine Schuld. Vergib mir, wenn ich mich von dir abgewandt und so getan habe, als wäre das, was du denkst, nicht wichtig. Ich staune darüber, dass du dich nach einer Beziehung zu mir sehnst und dass du dich für alle Details meines Lebens interessierst. Aber vor allem staune ich darüber, dass du, Jesus, auf die Welt gekommen bist, um für mich zu sterben und auf meine Schuld mit deiner Vergebung zu antworten. Ich verstehe das alles nicht, aber ich sage Ja zu dir! Hilf mir zu lernen, dich zu lieben und dir zu vertrauen und dir voller Glauben zu folgen. Von nun an möchte ich deinen Traum für mein Leben verfolgen. Ich will dir mein Leben anvertrauen, so gut ich kann. Amen.

Verbringe Zeit mit Gott

Wenn du Gottes Reden vernehmen willst, musst du den Lärm um dich herum zum Schweigen bringen. Gott spricht nach Aussage der Bibel mit leiser, unaufdringlicher Stimme, die man im Strudel eines hektischen Lebens leicht überhören kann.

Um Gottes Traum für dein Leben auf die Spur zu kommen, musst du den Fernseher ausschalten und dein Smartphone und sonstige Ablenkungen verbannen. Man kann nicht auf Gottes Reden lauschen und sich gleichzeitig die eigene Lieblingsserie anschauen. Vielleicht hörst du deshalb nicht, dass Gott zu dir spricht, weil du nie still genug bist – es ist immer etwas los. Du musst dir Zeit nehmen, um mit Gott allein zu sein, damit er zu Wort kommen kann. *„Steh still und betrachte, was Gott Wunderbares tut!"* heißt es in Hiob 37,14.

Gott möchte Zeit mit dir verbringen. Erstaunlich, nicht wahr? Der Schöpfer des Universums sagt: „Unterbrich das, was du gerade tust, werde still und lass uns beide Zeit miteinander verbringen, damit ich mit dir reden kann." Hier geht es um eine geistliche Übung – die geistliche Übung der Einsamkeit. Gott spricht zu Menschen, die sich die Zeit nehmen zuzuhören. Wann hast du das letzte Mal einen Moment innegehalten, um auf Gottes Reden zu lauschen?

Wenn du von Gott hören willst, solltest du dir jeden Tag Zeit nehmen, um in der Bibel zu lesen und diese besser kennenzulernen. In dieser Zeit der Stille kannst du innerlich zur Ruhe kommen, hören, ob Gott mit dir spricht, und über das nachdenken, was er in deinem Leben tut oder tun will. Sprich mit Gott und lass ihn durch die Bibel zu dir reden. Es ist gut, sich jeden Tag Zeit dafür zu nehmen. Aber es ist auch hilfreich, sich mindestens einmal im Jahr einen ganzen Tag zu nehmen, um mit Gott allein zu sein und ihn zu fragen: „Wohin soll ich gehen und was soll ich tun?" Einen Tag, um zu beten, nachzudenken, aufzuschreiben, was dir in den Sinn kommt, Ziele und Prioritäten zu setzen und Kurskorrekturen vorzunehmen, um sicher zu sein, dass du wirklich Gottes Traum für dein Leben verfolgst.

Wenn du siebzig Jahre alt wirst, hast du 25 567 Tage gelebt. Lohnt es sich da nicht, auch nur einen dieser Tage zu nutzen, um herauszufinden, was Gott mit dem Rest deines Lebens vorhat?

Entdecke deine Fähigkeiten

Du kannst Gottes Willen auf die Spur kommen, indem du dir ansiehst, wie er dich erschaffen hat. Welche Talente, Fähigkeiten, Erfahrungen, geistlichen Gaben und Persönlichkeitsmerkmale hat er dir geschenkt? Diese Aspekte dienen als Anhaltspunkte für die Richtung, in die Gott dich in deinem Leben führen möchte. Warum sollte er dir diese Gaben geben, wenn er nicht wollte, dass du sie auch nutzt? Das wäre doch reine Verschwendung.

Petrus schreibt in seinem ersten Brief: *„Gott hat jedem von euch Gaben geschenkt, mit denen ihr einander dienen sollt. Setzt sie gut ein, damit sichtbar wird, wie vielfältig Gottes Gnade ist."*[7] Mit anderen Worten: Wir wurden errettet, um zu dienen. Darum geht es beim Dienen: dass man die eigenen Talente und Gaben einsetzt, um anderen zu helfen – zur Ehre Gottes.

In Epheser 2,10 heißt es: *„Wir sind Gottes Schöpfung. Er hat uns in Christus Jesus neu geschaffen, damit wir die guten Taten ausführen, die er für unser Leben vorbereitet hat."* Das griechische Wort, das hier mit „Schöpfung" übersetzt wird, ist *poiema*, von dem wir das Wort *Poesie* ableiten. Dein Leben hat wirklich einen Sinn und einen Zweck. Du hast eine Lebensbotschaft, die nur du weitergeben kannst. In einer Bibelübersetzung wird an dieser Stelle die Formulierung verwendet: „*Wir sind Gottes Meisterstück*“ (Neue evangelistische Übersetzung). Du bist ein einzigartiges Kunstwerk, ein Unikat, das für einen bestimmten Zweck angefertigt wurde. Es gibt niemanden, der genauso ist wie du, und niemand sonst kann die Aufgabe erfüllen, die Gott dir anvertraut hat.

Wahre Erfüllung erlebst du dann, wenn du der Mensch bist, als den Gott dich erdacht und geschaffen hat. Stell dir also die Frage: „Was kann ich gut? Was mache ich gern? Wofür kann ich mich begeistern? Was spornt mich an und gibt mir Antrieb? Was sagen andere, das ich gut kann? Welche Fähigkeiten wurden mir in die Wiege gelegt? Was waren meine größten Erfolge? Wie kann Gott diese Fähigkeiten für seine Ziele nutzen?“ Nimm dir am besten einen ganzen Tag Zeit, um diese Fragen zu beantworten. Die Antworten werden dich auf dem Weg zu Gottes Traum für dein Leben weiterbringen.

Suche den Kontakt zu anderen, die ebenfalls Gottes Traum für ihr Leben leben

Verbringe Zeit mit Menschen, die ebenfalls versuchen, dem Traum Gottes für ihr eigenes Leben auf die Spur zu kommen.

So etwas wie einen „unbeteiligten Freund“ gibt es nicht. Im Gegenteil. Die Menschen, die dir am nächsten stehen, können dir dabei helfen, den Gott-Traum zu verwirklichen. Sie können dich aber auch daran hindern. Wähle deine

Freunde daher sorgfältig aus. Ich habe schon zu oft erlebt, dass Menschen an Gottes Traum für ihr Leben vorbeigelebt haben, weil ein enger Freund, eine enge Freundin sie in dieser Hinsicht entmutigt haben.

Nicht nur Träume können ansteckend sein, für Entmutigung gilt das Gleiche. Deshalb ist es wichtig, Teil einer Gemeinschaft zu sein, deren Mitglieder sich ebenfalls danach sehnen, ihr Leben an dem auszurichten, was Gott sich für sie wünscht. Treffenderweise können wir in den Sprüchen lesen: *„Eisen schärft Eisen, ebenso schärft ein Mensch einen anderen“*[8] und: *„Schlechter Umgang verdirbt gute Sitten.“*[9] Wenn du Gottes Traum für dein Leben folgen willst, dann brauchst du Freunde, die auf einem ähnlichen Weg sind und dir helfen, diesem Traum auf die Spur zu kommen.

Nicht nur Träume können ansteckend sein, für Entmutigung gilt das Gleiche.

Wenn du verheiratet bist, wird dein Traum auch teilweise deinen Partner (und deine Kinder, falls du welche hast) mit einbeziehen. Gott wird dir keinen Lebenstraum schenken, der deine Familie außer Acht lässt und dazu führt, dass du einfach losziehehst und deine eigenen Wege gehst. Gottes Traum wird von den Menschen, die dir am nächsten stehen, unterstützt werden.

Erzähle anderen von deinem Traum

Der erste Schritt besteht darin, dass du dir deinen Traum möglichst konkret vorstellst. Dann solltest du deinen Traum in Worte fassen: „Ich glaube, dass Gott dies in meinem Leben tun möchte: ...“ Wenn du anderen von deinem Traum erzählst, zeigt das, wie sehr du Gott vertraust, und ermutigt andere, ebenfalls Teil von Gottes Plan zu werden.

Und das ist nicht nur eine schöne Theorie. Ich würde dir gern erzählen, wie das in meinem Leben ausgesehen hat. Am 30. März 1980 hielt ich die erste Predigt in der *Saddleback Church*. Ich war damals 25 Jahre alt. Vor 60 Leuten las ich den Traum vor, den Gott mir für unsere Gemeinde gegeben hatte:

Ich träume von einem Ort, an dem die Verzweifelten, die Hoffnungslosen, die Entmutigten, die Deprimierten, die Frustrierten und die Verirrten Liebe, Annahme, Hilfe, Vergebung, Orientierung, Ermutigung und Unterstützung finden.

Ich träume davon, die lebensverändernde Gute Nachricht von Jesus Christus mit Hunderttausenden Einwohnern in South Orange County, Kalifornien, zu teilen.

Ich träume davon, zwanzigtausend Mitglieder in die Gemeinschaft unserer Kirchenfamilie aufzunehmen, um gemeinsam mit ihnen zu lieben, zu lernen, zu lachen, in Eintracht zusammenzuleben und der Welt vorzuleben, wie sehr Gott sie liebt.

Ich träume davon, dass Menschen geistlich wachsen und ihr volles Potenzial ausschöpfen, indem wir Bibelstudium, Kleingruppen, Einkehrtage, Seminare und Ressourcen anbieten, die ihnen helfen, Jesus immer ähnlicher zu werden und dem Sinn ihres Lebens auf die Spur zu kommen.

Ich träume davon, alle Mitglieder unserer Gemeinde für den zu ihnen passenden Dienst zu befähigen, indem wir ihnen helfen, die Gaben und Talente zu entdecken, die Gott ihnen anvertraut hat.

Ich träume davon, Tausende unserer Mitglieder mit Missionsaufträgen auf alle Kontinente auszusenden und jedes Mitglied für seine persönliche Lebensmission in der Welt zu befähigen.

Ich träume davon, auf der ganzen Welt Gemeindeleiter und Missionare auszubilden. Ich träume davon, jedes Jahr mindestens eine neue Tochtergemeinde zu gründen.

Ich träume von einem mindestens zwanzig Hektar großen Grundstück, auf dem wir einen großen Gemeindecampus mit schönen und zugleich zweckmäßigen Gebäuden errichten werden, darunter einen Gottesdienstsaal mit Tausenden von Plätzen, ein Servicezentrum mit Räumlichkeiten für Seelsorge, Beratung und Gebet, Unterrichtsräume für Bibelstudium und Schulungen sowie Freizeitbereiche im Freien. Alle diese Einrichtungen werden so konzipiert sein, dass sie dem ganzen Menschen dienen – geistlich, emotional, körperlich und gesellschaftlich –, und sie werden in einer natürlichen Parkumgebung mit inspirierenden Gartenlandschaften liegen, in denen die Seele aufatmen kann, umgeben von Blumen, grünen Rasenflächen und Bäumen, Picknickbereichen, sprudelnden Brunnen und Taufbecken. Wir möchten, dass die Menschen sich entspannt fühlen, wenn sie ankommen.

Heute stehe ich vor euch und versichere euch, dass alle diese Träume in Erfüllung gehen werden. Warum? Weil sie von Gott inspiriert sind und weil sie ihm die Ehre geben!

Heute ist das alles in Erfüllung gegangen, jedes einzelne Wort und noch mehr. Nur Gott konnte das tun. Nur Gott konnte mir einen so kühnen Traum schenken. Als ich nach dieser Verkündung nach Hause ging, steckte mir die Furcht in allen Gliedern. Was hatte ich nur getan? Warum hatte ich es nicht einfach für mich behalten?

Wenn ich diesen Traum für mich behalten hätte, hätte ich vielleicht nie angefangen, mich um seine Verwirklichung zu bemühen, und niemand hätte das Wunder erlebt. Die Angst vor dem Versagen hätte mich davon abhalten können, das zu tun, was Gott von mir wollte.

Ich denke, es gibt drei gute Gründe, den eigenen Traum öffentlich zu machen: Erstens bringt es deinen Traum auf den Weg. Jetzt kannst du ihn nicht länger vor dir herschieben. Wenn du einmal anderen davon erzählt hast, bist du gewissermaßen verpflichtet, ihn in die Tat umzusetzen und loszulegen.

Der zweite Grund ist, dass eine öffentliche Ankündigung dazu führt, dass andere deinen Traum unterstützen. Warum? Weil ein großer Traum andere ebenfalls zum Träumen anregt. In dem Moment, in dem ich meinen Traum geäußert hatte, wollten andere daran teilhaben. Ein Gott-Traum kann Menschen anziehen, die du noch gar nicht kennst und die dir mit ihren Fähigkeiten, Ressourcen, ihrer Erfahrung, ihrer Leidenschaft und ihrer Energie helfen werden, dein Ziel zu erreichen.

Der dritte Grund für die öffentliche Bekanntgabe deines Traums ist, dass dadurch Gottes Kraft freigesetzt wird. Du steigst gewissermaßen voller Glauben aus dem Boot und beginnst, auf dem Wasser zu gehen, und Gott trägt dich. Was du für unmöglich gehalten hast, beginnt, Wirklichkeit zu werden. Oder um es mit Paulus zu sagen: *„Gott, der euch berufen hat, ist treu; er wird halten, was er versprochen hat.“*[10] Das ist ein Versprechen, auf das du dein Leben aufbauen kannst!

Fang an zu träumen

Sobald du Gottes Traum für dein Leben auf die Spur gekommen bist, solltest du dein gesamtes Leben an diesem Traum ausrichten. Gibt es denn etwas Wichtigeres, als Gottes Traum für dein Leben zu verwirklichen? Das ist schließlich der Grund, warum er dich erschaffen hat. Der Apostel Paulus schrieb: *„Mein Leben ist mir nicht der Rede wert, es sei denn, ich nutze es, um das zu tun, was der Herr Jesus mir aufgetragen hat.“*[11] Das Geheimnis großartiger Errungenschaften ist Zielstrebigkeit.

Die Welt von heute braucht Männer und Frauen mit Engagement, Charakter und Überzeugung, die bereit sind, Gottes Traum Priorität einzuräumen. Sie sind Helden für Christus. Außergewöhnliche Menschen sind ganz normale Menschen, die sich außergewöhnlichen Träumen verschrieben haben.

....

Gibt es denn etwas Wichtigeres, als Gottes Traum für dein Leben zu verwirklichen? Das ist schließlich der Grund, warum er dich erschaffen hat.

....

Nimm dir jetzt einen Moment Zeit und stell dir die folgenden Fragen: *Warum hat Gott mich auf diese Erde gestellt? Warum hat Gott mich mit meinen konkreten Leidenschaften und Fähigkeiten zu dieser bestimmten Zeit in der Geschichte an diesen bestimmten Ort gestellt? Was könnte Gott in meinem Leben tun, wenn ich es ihm ganz anvertrauen würde?* Die Antworten auf diese Fragen helfen dir dabei, Sinn, Zweck und Bedeutung deines Lebens zu entdecken.

Es passiert nur wenig in deinem Leben, wenn du nicht anfängst zu träumen. Deshalb möchte ich dich herausfordern: Träume große Träume für Gott.

Kapitel 3
Aktiv werden

Ein Zweifler ist wie eine vom Wind gepeitschte hin- und herwogende Meereswelle. Ein solcher Mensch kann nicht erwarten, etwas vom Herrn zu empfangen. Er ist in sich gespalten und unbeständig in allem, was er unternimmt.

Jakobus 1,7–8 (NeÜ)

Ein Lebenstraum ist bedeutungslos, wenn man nicht aufwacht und sich darum bemüht, ihn Wirklichkeit werden zu lassen. Du wirst Gottes Traum für dein Leben niemals erfüllen, wenn du nicht die Entscheidungsphase durchgestanden hast.

Die Helden der Bibel waren mutige Entscheider:

- Gott schenkte Noah den Traum, die Menschen vor der großen Flut zu retten – aber Noah musste auch die Entscheidung treffen, die Arche zu bauen.
- Gott schenkte Abraham den Traum, der Vater einer großen Nation zu sein – aber Abraham musste auch die Entscheidung fällen, die Sicherheit und Bequemlichkeit seiner Heimat zu verlassen und in die Fremde zu ziehen.

- Gott schenkte Mose den Traum, die Israeliten aus der vierhundertjährigen Sklaverei herauszuführen – aber Mose musste auch die Entscheidung treffen, sich dem Pharao entgegenzustellen.
- Jesus rief die Jünger auf, sich ihm anzuschließen – aber sie mussten auch die Entscheidung fällen, ihr bisheriges Leben aufzugeben, um ihm zu folgen.
- Jesus lud Petrus ein, mit ihm auf dem Wasser zu gehen – aber Petrus musste auch die Entscheidung treffen, aus dem Boot zu steigen und das Wunder zu erleben.

In der Entscheidungsphase musst du zwei Dinge tun: Erstens musst du „investieren". Du musst dich entscheiden, deine Zeit, dein Geld, deinen Ruf und deine Energie in die Dinge zu investieren, die dich bei der Verwirklichung von Gottes Traum weiterbringen werden. Du musst aufhören, Ausreden vorzuschieben, und den Sprung wagen. Das ist der Moment, in dem du erklärst: „Gott, ich werde nicht länger zögern. Ich werde tun, was du mir gesagt hast."

Zweitens musst du bereit sein, Sicherheiten loszulassen. Man kann nicht im Glauben voranschreiten, wenn man an der Vergangenheit festhält.

Eine Trapezkünstlerin ist ein gutes Bild dafür, was es bedeutet, Sicherheiten loszulassen. Sie schwingt an einem Trapez, muss es aber loslassen, um das nächste Trapez zu ergreifen. Die Trapezstangen sind so weit voneinander entfernt, dass sie sich nicht an beiden gleichzeitig festhalten kann. Irgendwann muss sie die Sicherheit der ersten Stange loslassen, und für den Bruchteil einer Sekunde fliegt sie in der Luft, ohne sich irgendwo festzuhalten.

Hast du schon einmal einen Job an den Nagel gehängt, ohne schon etwas Neues in Aussicht zu haben? Vielleicht war das auch für dich so, als schwebtest du hundert Meter in der Luft – ohne Netz und doppelten Boden. Aber wenn du dein altes Leben nicht loslässt und an der Vision festhältst, die Gott für dich hat, wirst du einfach in die alte Richtung zurückschwingen – nur wirst du nicht den gesamten Weg zurückschwingen. Du wirst tiefer und tiefer schwingen, bis du schließlich stehen bleibst und nur noch ein Ausweg bleibt: nach unten.

Wie die Trapezartistin musst du dich entscheiden, deine Sicherheit loszulassen, um deinen Traum zu verwirklichen.

....

In der Entscheidungsphase geht es nicht darum, schnelle Entscheidungen zu treffen. Es geht darum, die *richtigen* Entscheidungen zu treffen.

....

In der Entscheidungsphase geht es nicht darum, schnelle Entscheidungen zu treffen. Es geht darum, die *richtigen* Entscheidungen zu treffen. Schnelle Entscheidungen sind einfach – deshalb sind sie oft auch falsch. Es braucht eine Menge Weisheit, um die richtige Entscheidung zu treffen. Deshalb möchte ich dir einen einfachen, praktikablen, biblischen Ansatz an die Hand geben, wie du kluge Entscheidungen treffen kannst. Ob es um deine Karriere, deine Ausbildung, deine Beziehungen, deine Finanzen, deine Gesundheit, deine Kinder oder um deine Zukunft geht:

In Gottes Wort findest du Grundsätze, die dir helfen können, weise Entscheidungen zu treffen. Und aus jedem dieser Grundsätze ergibt sich eine Frage, die dich bei der Verwirklichung von Gottes Traum ein Stückchen weiterbringt.

Grundsatz Nr. 1: Bitte Gott um Führung

Frage Gott nach seiner Sicht der Dinge, bevor du irgendetwas anderes tust. In der Bibel heißt es: *„Wenn jemand unter euch Weisheit braucht, weil er wissen will, wie er nach Gottes Willen handeln soll, dann kann er Gott einfach darum bitten. Und Gott, der gerne hilft, wird ihm bestimmt antworten.“*[1] Wenn es um Gottes Traum für dich geht, was wäre dann sinnvoller, als ihn zu fragen, wie du ihn verwirklichen könntest?

In Sprüche 28,26 lesen wir: *„Sich auf sich selbst zu verlassen ist dumm, wer sich aber an die Weisheit hält, lebt in Sicherheit.“* Hast du schon einmal eine unkluge Entscheidung getroffen, die du für die beste Idee hieltest? Du brauchst etwas Besseres als deine Intuition oder dein Bauchgefühl. Du brauchst eine absolute Wahrheit, auf die du deine Entscheidungen stützen kannst. Du brauchst Gottes Führung.

In der Bibel heißt es auch: *„Glücklich ist der Mensch, der Weisheit findet und Einsicht gewinnt!“*[2] Um Weisheit zu erlangen, muss man danach streben. Um Einsicht zu gewinnen, muss man sich darum bemühen. Doch wie kannst du nach Weisheit streben und dich darum bemühen, Einsicht zu erlangen?

Erstens: Lies in der Bibel. Such dort nach Antworten.

Vieles von dem, was Gottes Willen für dich entspricht, kannst du in der Bibel entdecken. Was hat Gott bereits gesagt, das auf dich und deine Situation zutrifft? Je besser du die Bibel kennst, desto besser wirst du verstehen, was Gott wichtig ist.

Zweitens: Hör auf die leise, unaufdringliche Stimme Gottes, mit der er dir ins Herz spricht. Gottes Stimme ist eine Stimme des Friedens. Paulus weist darauf hin, wenn er schreibt: *„Der Friede, den Christus schenkt, soll euer ganzes Leben bestimmen."*[3]

Tatsache ist: Gott möchte dich leiten. Er möchte dir bei deinen Entscheidungen helfen. Er möchte, dass du seine Absichten für dein Leben erfolgreich umsetzt.

Stell dir also die Frage: „Was hat Gott zu dieser Entscheidung zu sagen?"

Grundsatz Nr. 2: Informiere dich über die Fakten

Glauben und Fakten stehen nicht in Widerspruch zueinander. Es ist klug, erst einmal alle Fakten zusammenzutragen, die für eine Entscheidung relevant sind, bevor man eine Entscheidung trifft. Sprüche 13,16 bestätigt uns das: *„Kluge Menschen denken, bevor sie handeln."*

Bevor ich die *Saddleback Church* gegründet habe, habe ich sechs Monate lang das Umfeld analysiert – Orange County. Ich habe Umfragen und demografische Daten studiert sowie auch die Bevölkerungsstatistik. Ich schrieb an Pastoren in der Gegend. Ich ging von Haus zu Haus und sprach mit den

Bewohnern der Gegend. Nachdem ich sechs Monate lang die Fakten untersucht hatte, beschloss ich, meinen Traum zu verwirklichen.

Vielleicht fragt sich jetzt jemand: „Warum hast du dir die ganze Mühe gemacht? Warum hast du nicht einfach im Vertrauen auf Gott losgelegt?" Weil schon in den Sprüchen steht: *„Was für eine Schande – ja, wie dumm! –, sich zu entscheiden, bevor man die Tatsachen kennt!"*[4]

Viele Unternehmungen scheitern, weil sie zwar völlig enthusiastisch angegangen werden, aber auch völlig uninformiert. Jemand hat die „tolle Idee", ein Unternehmen zu gründen, kennt aber die Fakten nicht. Das ist auch der Grund, warum viele Ehen scheitern: unwissender Enthusiasmus. Die Menschen glauben, sie seien verliebt, aber sie verschließen ihre Augen vor den Fakten. Ihre Entscheidung basiert ausschließlich auf Gefühlen.

Was ist also die Lösung? Die Lösung ist, sich die Frage zu stellen: „Was muss ich wissen, bevor ich diese Entscheidung treffen kann?" Und dann solltest du tun, was nötig ist, um die Fakten in Erfahrung zu bringen.

Grundsatz Nr. 3: Hole Rat ein

Sprich mit jemandem, der eine ähnliche Entscheidung treffen musste. Sprich mit Freunden, die deine Stärken und Schwächen kennen. Bitte Personen um Rat und Gebetsunterstützung, die mit der Bibel vertraut sind und sich nicht scheuen, dir die ehrliche Wahrheit zu sagen. Deshalb heißt es auch in Sprüche 24,6: *„Je mehr gute Ratgeber du hast, desto sicherer ist dir der Sieg."*[5]

Du kannst auch in der Bibel nach klugen Ratschlägen suchen. Paulus schreibt in seinem Brief an die Gemeinde in Rom: *„Was in der Heiligen Schrift vor langer Zeit aufgeschrieben wurde, gilt uns, wir sollen daraus lernen."*[6] Die Bibel ist voller Geschichten von realen Menschen, die unglaubliche Lektionen fürs Leben gelernt haben – gute und schlechte. Nehmen wir zum Beispiel Jona. Er war jemand, der Gottes Plan kannte, aber beschloss, davor wegzulaufen. Und obwohl Jona ein paar Fehler beging, machte er auch ein paar Dinge richtig. Die gute Nachricht ist, dass wir sowohl aus den guten als auch aus den schlechten Erfahrungen im Leben von Jona lernen können.

Es ist weise, aus eigenen Erfahrungen zu lernen, aber noch klüger, aus den Erfahrungen anderer zu lernen. Mir fehlt die Zeit, alles aus erster Hand zu lernen. Ich habe nicht genug Zeit, um alle möglichen Fehler zu machen, und du auch nicht. Du kannst von den Erfolgen anderer lernen und du kannst von ihren Misserfolgen lernen. Wenn du weise bist, wirst du nicht versuchen, alles aus erster Hand zu lernen. Du wirst um Rat bitten und von den Erfahrungen anderer lernen. Und glaub mir, auf diese Weise ist es viel weniger schmerzhaft.

Das Problem ist, dass wir oft lieber klug *wirken* wollen, als auch wirklich klug *zu sein*. Wir denken, dass man uns für unfähig hält, wenn wir um Rat fragen. Aber die Bibel macht deutlich, dass weise Menschen genau das tun. Demut und Weisheit gehen Hand in Hand. Wenn du nicht bereit bist, jemanden um Rat zu bitten, hast du womöglich ein Problem mit deinem Ego. *„Das Herz der Stolzen ist stumpf und fett."*[7] Stolz macht uns unbelehrbar und so bleiben wir dumm.

....

Das Problem ist, dass wir oft lieber klug *wirken* wollen, als auch wirklich klug *zu sein*.

....

Wenn du nicht von anderen Menschen lernst, wirst du im Leben auch keinen Erfolg haben. In Sprüche 20,18 heißt es: *„Pläne gelingen durch guten Rat; zieh nicht in den Kampf, ohne es vorher gut überlegt zu haben."*

Deine Ortsgemeinde ist einer der besten Orte, um von anderen zu lernen und Menschen zu finden, die ebenfalls Gottes Träume verwirklichen wollen. Wenn du noch nicht Teil einer Gemeinde bist, solltest du darüber nachdenken, dir eine zu suchen. Es gibt wahrscheinlich viele tolle Gemeinden in deiner Umgebung. Falls nicht, findest du sicher auch online eine Möglichkeit. So etwas wie Einzelgänger-Christen gibt es nicht. Du brauchst eine Gemeindefamilie.

Sei also nicht zu stolz, dich zu fragen: „Mit wem kann ich reden und wen kann ich um Rat bitten?"

Grundsatz Nr. 4: Überschlage die Kosten

Jede Entscheidung hat ein Preisschild. Sie wird dich Zeit, Geld, Energie, Ansehen, Talent und Ressourcen kosten.

Stets wirst du eine „Investition" tätigen müssen. In Sprüche 20,25 lesen wir: *„Es ist gefährlich, Gott ein vorschnelles Versprechen zu geben, ohne vorher die Kosten zu überschlagen."* Es ist gefährlich, sich zu entscheiden, ohne vorher darüber nachzudenken, etwas zu versprechen, ohne es abzuwägen, sich zu verpflichten, ohne die Kosten zu überschlagen.

Wenn man dich unter Druck setzt, eine Entscheidung zu fällen, ist es in Ordnung zu sagen: „Ich melde mich bei Ihnen." Es kommt nicht so sehr darauf an, eine schnelle Entscheidung zu treffen, sondern die richtige Entscheidung zu fällen – und die richtige Entscheidung muss fundiert sein.

Es gibt ein wichtiges Lebensprinzip: Es ist einfacher, in etwas hineinzugeraten, als wieder herauszukommen. Ist es einfacher, sich zu verschulden, als die Schulden wieder loszuwerden? Ist es einfacher, eine Beziehung einzugehen, als eine Beziehung zu beenden? Ist es einfacher, den eigenen Terminkalender zu füllen, als die Termine auch einzuhalten? Mit Sicherheit. Aus diesem Grund solltest du die Kosten einer Entscheidung ermitteln.

Auch Jesus sagte: *„Aber kommt nicht, ehe ihr nicht die Kosten berechnet habt. Denn wer würde mit dem Bau eines Hauses beginnen, ohne zuvor die Kosten zu überschlagen und zu prüfen, ob das Geld reicht, um alle Rechnungen zu bezahlen? ... Oder welcher König käme je auf den Gedanken, in den Krieg zu ziehen, ohne sich zuvor mit seinen Beratern zusammenzusetzen und zu erörtern, ob seine Armee von zehntausend Soldaten stark genug ist, die zwanzigtausend Soldaten zu besiegen, die gegen ihn aufmarschieren?"*[8]

Jede Entscheidung hat ein Preisschild. Und deshalb solltest du dich fragen: „Ist es das wert?"

Grundsatz Nr. 5: Rechne mit Problemen

Du erinnerst dich vielleicht an Murphys Gesetz: „Alles, was schiefgehen kann, *wird auch* schiefgehen." Probleme sind unvermeidlich. Sie gehören zum Leben dazu! Selbst Jesus sagte: *„Hier auf der Erde werdet ihr viel Schweres erleben."*[9] Du kannst Probleme nicht ignorieren, denn die Probleme werden dich nicht ignorieren. Stattdessen solltest du dich darauf vorbereiten. Diese Erkenntnis finden wir auch in der Bibel: *„Ein kluger Mensch sieht die Gefahr voraus und bringt sich in Sicherheit."*[10]

Wenn du dich auf die Umsetzung deines Traums vorbereitest, solltest du vom Besten ausgehen, aber dich auch auf das Schlimmste vorbereiten. Geh davon aus, dass Gott dich führen wird, wenn du seinen Traum verfolgst. Aber stell dich auch auf Probleme ein, die auftreten könnten. Jede gute Idee hat ihre Knackpunkte. Das heißt nicht, dass du diese nicht umsetzen solltest; es bedeutet nur, dass du dir dessen bewusst sein und dich vorbereiten musst.

In Sprüche 27,12 sagt König Salomo dasselbe: *„Ein Mensch mit Erfahrung sieht das Unglück kommen und bringt sich in Sicherheit; die Unerfahrenen laufen mitten hinein und müssen es büßen."* Der kluge Mensch weiß, dass jede Entscheidung mit Herausforderungen verbunden ist, und bereitet sich darauf vor.

Es besteht jedoch ein großer Unterschied zwischen der Vorbereitung auf ein mögliches Problem und der Lösung eines Problems. Verwechsle niemals Entscheidungsfindung mit Problemlösung. Das sind zwei verschiedene Dinge.

Wenn du alle Probleme lösen müsstest, bevor du eine Entscheidung triffst, wirst du nie etwas erreichen. Ähnliches gilt auch für den Glauben: In der Entscheidungsphase bereitet man sich auf mögliche Probleme vor, aber man versucht nicht, sie alle im Voraus zu lösen.

Als Präsident Kennedy 1961 ankündigte, dass die Vereinigten Staaten bis zum Ende des Jahrzehnts einen Menschen auf den Mond schicken würden, gab es die dafür erforderliche Technologie noch gar nicht. Einiges davon war noch nicht einmal erdacht worden! Die NASA kalkulierte bereits die Risiken und bereitete sich auf mögliche Probleme vor, aber als die Entscheidung getroffen wurde, hatte sie diese Herausforderungen noch nicht gelöst. Damit begann sie erst, als die Entscheidung getroffen war.

Verwechsle niemals Entscheidungsfindung mit Problemlösung.

Als meine Frau Kay und ich die *Saddleback Church* gründeten, hatten wir kein Geld, keine Mitglieder und kein Gebäude – aber davon ließen wir uns nicht abschrecken. Wir waren uns der Herausforderungen bewusst, fingen aber schon an, unseren Traum in Angriff zu nehmen, bevor sie alle gelöst waren.

Schon der Prediger sagte: „*Wenn du auf perfekte Bedingungen wartest, wirst du nie etwas zustande bringen.*“[11] Perfektionismus ist der Feind des Fortschritts. Er führt nur zu

Aufschieberitis. Er legt das Potenzial lahm. Sehen wir der Tatsache ins Auge: Die Bedingungen werden nie perfekt sein. Es wird immer einen Grund geben, Nein zu sagen. Aber *dass* es einen Grund gibt, Nein zu sagen, heißt noch lange nicht, dass es nicht möglich ist, auch Ja zu sagen.

Wenn es keinen Grund gäbe, Nein zu sagen, dann bräuchte man keinen Glauben – und ohne Glauben ist es unmöglich, Gott zu gefallen. Gott kümmert sich um das, was du benötigen wirst. Er möchte, dass du dich auf ihn verlässt. Versuch nicht, alle Probleme im Voraus zu klären. Die Lösungen werden sich ergeben, sobald du anfängst und die ersten Schritte tust.

Stell dir also die Frage: „Was könnte schiefgehen, und bin ich bereit, wenn es passiert?"

Grundsatz Nr. 6: Stell dich deinen Ängsten

Angst ist die Wurzel der Unentschlossenheit: Angst, einen Fehler zu machen, zu versagen, sich zu blamieren; Angst, eine Verpflichtung einzugehen, die man nicht einhalten kann; Angst, dass man belächelt oder abgelehnt wird; Angst, dass Gottes Traum für unser Leben nie Wirklichkeit wird. Es ist immer die Angst, die uns davon abhält, entschlossen zu handeln.

Wir geben nicht gern zu, dass wir Angst haben, also bringen wir Ausreden vor:

- Abraham sagte: „Ich bin zu alt."
- Mose sagte: „Ich kann nicht gut reden."
- Gideon sagte: „Ich kann nicht kämpfen."
- Jesaja sagte: „Ich bin zu sündig."
- Jeremia sagte: „Ich bin zu jung."

Wie lautet deine Ausrede?

Gott hat einen Traum für dein Leben. Vielleicht sagst du: „Ich habe nicht die nötige Zeit ... ich habe nicht das nötige Geld ... ich habe nicht die nötige Erfahrung ... ich habe nicht die nötige Ausbildung ... ich habe nicht die nötigen Kontakte ... ich habe nicht die nötigen Mittel. Wenn ich nur verheiratet wäre ... wenn ich nur *nicht* verheiratet wäre! Wenn ich nur älter wäre ... wenn ich nur jünger wäre." Es ist die Angst, die dich davon abhält, die Entscheidung zu treffen, die Gott sich von dir wünscht.

Gott hat schon immer durch unvollkommene Menschen, die sich in unvollkommenen Situationen befanden, seinen vollkommenen Willen verwirklicht. Wenn du darauf wartest, dass die perfekte Person auftaucht, habe ich eine schlechte Nachricht für dich: Sie wird nicht kommen. Es gibt sie gar nicht! Wenn du auf die ideale Situation wartest, darauf, dass die Umstände genau richtig sind oder dass bestimmte Dinge abgeschlossen sind, bevor du dein Leben Gott anvertraust: Das wird nicht passieren. Die grundlegenden Entscheidungen des Lebens müssen im ganz normalen Alltag getroffen werden. Das Leben geht eben weiter.

Was ist das beste Heilmittel gegen die Angst? Vertrauen. Paulus macht uns hier Mut: *„Wenn Gott für uns ist, wer könnte dann gegen uns sein?"*[12] Vertraue Gott und verfolge deinen

Traum trotz der Probleme, Ängste oder Zweifel. Der Schlüssel zum Durchbruch besteht darin, sich gegen die eigene Angst zu stemmen und das zu tun, wovor man sich am meisten fürchtet.

Wenn Gott dir einen Traum geschenkt hat und du weißt, dass du im Einklang mit seinem Willen bist, dann triff die Entscheidung und handle, auch wenn du Angst hast. Kannst du sehen, wie sich das Schilfmeer teilt? Wie die Mauern einstürzen? Wie der Stein vom Grab wegrollt? Wie Gott in deinem Leben ein Wunder vollbringt?

Wenn mir der nötige Glauben fehlt, etwas zu tun, tue ich es trotzdem – so als hätte ich den nötigen Glauben. Und dann habe ich schon oft erlebt, dass der Glaube sich einstellt. Ein kleiner Glaube an einen großen Gott führt zu großen Dingen.

Stell dir also die Frage: „Wovor habe ich Angst?"

Triff die Entscheidung

Du musst eine Entscheidung treffen. Die Wahrheit ist: Sich nicht zu entscheiden, ist auch eine Entscheidung. Wir sind die Summe unserer Entscheidungen. Unsere Entscheidungen bestimmen unseren Charakter. Wir müssen entscheiden, wofür wir uns verbindlich einsetzen und welche Entscheidungen wir dazu fällen müssen. Gott wird uns nicht zwingen, eine Entscheidung zu treffen, und er wird uns die Entscheidung auch nicht abnehmen. Er hat uns die Freiheit gegeben zu entscheiden.

Deshalb kann ich nur eindringlich bitten: Mach etwas Großes aus deinem Leben! Vergeude dein Leben nicht.

Richte dich nicht in der Mittelmäßigkeit ein. Gib dich nicht damit zufrieden, einfach nur zu existieren. Triff die Entscheidungen, die dein Schicksal bestimmen werden.

Kapitel 4
Durststrecken überstehen

> Das, was du siehst, wird erst zu einer bestimmten Zeit eintreten. Aber du kannst dich darauf verlassen, dass es eintrifft, auch wenn es eine Weile auf sich warten lässt. Du kannst darauf zählen, denn es ist keine Täuschung!
>
> Habakuk 2,3

Hängst du gerade in Gottes Wartezimmer fest?

Träume werden nie sofort Wirklichkeit. Hast du dich schon mal gefragt, warum Gott wartet, bis er dein Gebet erhört? Wenn er dich doch hört und die Macht hat zu antworten, warum zögert er dann? Wenn man Gott voller Vertrauen folgt, gibt es fast immer eine Wartezeit.

- Nachdem er mit dem Bau der Arche begonnen hatte, musste Noah 120 Jahre warten, bis es zu regnen begann.
- Abraham musste 25 Jahre auf die Geburt des ihm verheißenen Sohnes Isaak warten.
- Josef verbrachte Jahre im Gefängnis und wartete darauf, dass Gott sein Schicksal erfüllen würde.

- Daniel musste 70 Jahre darauf warten, dass sein Volk aus der Babylonischen Gefangenschaft nach Jerusalem zurückkehrte.
- Selbst Jesus wartete 30 Jahre in einer Tischlerwerkstatt, bevor er sein öffentliches Wirken begann.

Es gibt immer eine Zeit des Wartens.

Die klassische Geschichte einer solchen Wartezeit ist die der Israeliten, die von Gott aus Ägypten herausgeführt wurden und dann 40 Jahre lang durch die Wüste wanderten, bevor sie das Land der Verheißung betreten konnten. Zu Fuß braucht man von Ägypten nach Israel nur etwa zwei Wochen. Sie brauchten jedoch 40 Jahre, um dorthin zu gelangen. Was um alles in der Welt haben sie gemacht? Was um alles in der Welt hat Gott in dieser Zeit getan?

In der Bibel lesen wir Folgendes über diese Verzögerung: *„Als der Pharao das Volk schließlich ziehen ließ, führte Gott es nicht durch das Gebiet der Philister, obwohl dies der kürzeste Weg war. Gott sagte sich: ‚Wenn das Volk merkt, dass ihm ein Kampf bevorsteht, bereut es möglicherweise den Auszug und kehrt nach Ägypten zurück.' Deshalb ließ er das Volk einen Umweg machen und führte sie durch die Wüste ans Rote Meer."*[1]

Das Volk Gottes wurde aus gutem Grund über Umwege geführt. Gott wusste, wenn sie in den Krieg ziehen müssten, wären sie nicht in der Lage, diesen zu gewinnen. Also führte er sie den langen Weg zum Schilfmeer. Nachdem sie auf wundersame Weise das Schilfmeer durchquert hatten, ließ Gott sie 40 Jahre lang in der Wüste umherwandern.

Warum verursacht Gott solche Verzögerungen? Ich denke, dafür gibt es vor allem drei Gründe. Manchmal benutzt

Gott Verzögerungen, um uns *vor* Schwierigkeiten zu schützen. Manchmal bereitet er uns dadurch *auf* Schwierigkeiten vor. Und manchmal verwendet er Verzögerungen, um uns *durch* Schwierigkeiten wachsen zu lassen: *„Erinnert euch an den ganzen Weg, den der Herr, euer Gott, euch während dieser 40 Jahre durch die Wüste führte. Dadurch wollte er euch demütigen und auf die Probe stellen, um euren wahren Charakter ans Licht zu bringen und um zu sehen, ob ihr seine Gebote befolgen würdet oder nicht.“*[2]

Wie wir auf Gottes Verzögerungen reagieren, ist ein Prüfstein für unsere Reife. Gott lässt uns in vieler Hinsicht wachsen, während wir warten. Es dauert nur sechs Stunden, bis ein Pilz gewachsen ist, doch 60 Jahre bei einer stattlichen Eiche. Was willst du lieber sein, wenn dein persönliches Wachstum abgeschlossen ist: ein Pilz oder eine Eiche? Im Jakobusbrief, Kapitel 1, Vers 4 wird uns das bestätigt: *„Durch die Geduld werdet ihr bis zum Ende durchhalten, denn dann wird euer Glaube zur vollen Reife gelangen und vollkommen sein.“*

Wenn du in einem von Gottes Warteräumen sitzt, solltest du vier Dinge *nicht* tun, weil diese die Wartezeit nur verlängern: dich fürchten, dich ärgern, schwach werden und vergessen. All diese Reaktionen sind ein Zeichen für mangelndes Vertrauen.

Hab keine Angst

Es gibt viele Gründe für die Verzögerungen im Leben, aber wenn diese von Angst verursacht werden, tragen wir selbst die Schuld daran. Gott führte sein Volk an das Ufer des Jordan und sagte: „Da ist es! Das verheißene Land! Ihr könnt es euch nehmen." Aber die Israeliten wollten das Land nicht betreten, weil sie Angst vor den Menschen hatten, die dort lebten. Die Erfüllung der Verheißung verzögerte sich, weil sie Angst hatten.

Die Furcht vor anderen ist eines der größten Hindernisse für die Erfüllung von Gottes Traum. In den Sprüchen heißt es: *„Die Menschen zu fürchten ist eine gefährliche Falle, wer aber auf den Herrn vertraut, lebt unter seinem Schutz."*[3] Die Israeliten hatten genug Glauben, um aus Ägypten auszuziehen, aber sie hatten nicht genug Glauben, um in das Land der Verheißung einzuziehen. Und weil sie Angst hatten, saßen sie in der Wüste fest. Weil sie Angst hatten, verzögerte sich die Erfüllung der Verheißung, und Gott ließ sie 40 Jahre in der Wüste warten.

Steckst du gerade in einer „Wüste" fest, weil du fürchtest, dass von anderen Gegenwind zu erwarten ist? Liegt dir so viel an deren Meinung, dass du dein Gelobtes Land nicht einnehmen kannst? Das Problem mit der Angst ist: Sie sorgt dafür, dass wir in der Wüste festsitzen. Angst verlängert die Wartezeit. Vielleicht sind viele deiner Träume ja nicht wegen Gott nicht in Erfüllung gegangen, sondern wegen *dir selbst – du* warst nicht bereit, den nächsten Glaubensschritt zu gehen. Du denkst vielleicht, dass du gerade auf Gottes Eingreifen wartest, aber in Wirklichkeit wartet Gott darauf, dass du aktiv wirst.

Wenn du Angst hast, den Traum zu verfolgen, den Gott dir geschenkt hat, solltest du bewusst den Blick darauf richten, dass Gott dir seine Gegenwart versprochen hat. Denn wenn er an deiner Seite ist, ist es egal, wer gegen dich ist, oder

(Römer 8,31)? Das bestätigt uns auch Jesaja 41,10: *„Fürchte dich nicht, denn ich bin bei dir. Sieh dich nicht ängstlich nach Hilfe um, denn ich bin dein Gott: Meine Entscheidung für dich steht fest, ich helfe dir. Ich unterstütze dich."* Gott hat dich nicht verlassen. Im Gegenteil. Er hat versprochen: *„Ich werde dich nie verlassen und dich nicht im Stich lassen."*[4] Das bedeutet: Es wird nie eine Zeit geben, in der Gott nicht bei dir ist. Er ist in diesem Moment bei dir. Er ist an deinen guten und an deinen schlechten Tagen bei dir. Er ist bei dir, wenn du seine Gegenwart spürst und wenn du sie nicht spürst. Gott verspricht: „Ich werde immer bei dir sein." Wenn Gott nah ist, gibt es nichts, vor dem du dich fürchten müsstest. Hab also keine Angst! Richte deinen Blick stattdessen auf Gottes Gegenwart. Er ist immer bei dir.

....

Angst verlängert die Wartezeit.

....

Vielleicht befindest du dich ja tatsächlich gerade in Gottes Wartezimmer. Du hast ihn um etwas gebeten, aber es ist noch nicht eingetreten. Du fragst dich, ob Gott dich wohl vergessen hat. Aber Gott hat dich nicht vergessen und du bist auch nicht allein. Hinter der Verzögerung steckt eine Absicht. Gott weiß, was du gerade durchmachst. Doch er möchte deinen Charakter formen, und er möchte, dass du lernst, ihm zu vertrauen. Du kannst auf Gottes Hilfe zählen.

In der Bibel finden wir 365-mal die Aufforderung: „Fürchte dich nicht!" – eine Aufforderung für jeden Tag des Jahres.

Gott möchte, dass wir die Botschaft verstehen: Hab keine Angst. Die Antwort auf dein Gebet wird kommen. Bleib einfach dran.

Mach dir keine Sorgen

Ich bin überzeugt, dass in Gottes Wartezimmer ein Schild hängt, auf dem steht: „Sorge dich nicht! Vertraue!" Bist du nicht froh, dass Gott uns versteht? Er weiß, dass wir dazu neigen, uns Sorgen zu machen. Er weiß, dass wir anfangen, uns zu stressen und zu beklagen, wenn die Dinge zu lange auf sich warten lassen – so wie die Israeliten.

„Unterwegs verlor das Volk die Geduld, und sie beklagten sich bei Gott und bei Mose: ‚Warum habt ihr uns aus Ägypten weggeführt, damit wir in der Wüste sterben? Hier gibt es weder Brot noch Wasser, und dieses elende Manna hängt uns zum Hals heraus.'"[5]

Jammern war eine der Gründe, die mit dazu beitrugen, dass die Israeliten das verheißene Land nicht betreten durften. Sie machten sich ständig Sorgen und jammerten herum, ganz egal, was Gott für sie tat. Sie beklagten sich über die lange Wanderung. Sie beklagten sich über die Verzögerung. Sie beklagten sich über die Führung. Sie beklagten sich, dass es kein Wasser gab, und Gott sorgte für Wasser. Dann beklagten sie sich, dass es keine Nahrung gab, also sorgte Gott für Nahrung. Und dann beschwerten sie sich über die Nahrung, die er ihnen gab! Wie die Israeliten jammern auch wir schnell herum, wenn wir gezwungen sind zu warten.

....

Sich Sorgen zu machen, ist, wie in einem Schaukelstuhl zu sitzen.

....

Aber sich zu sorgen, ist Zeitverschwendung. Sich zu ärgern, ändert nichts an der Situation. Wenn wir herumjammern, hindert uns das daran, aktiv zu werden. Sich Sorgen zu machen, ist, wie in einem Schaukelstuhl zu sitzen. Man verbraucht eine Menge Energie, aber man kommt nicht vom Fleck. Man schaukelt nur hin und her, hin und her ... *soll ich oder soll ich nicht ... wird er oder wird er nicht ... sind sie oder sind sie nicht ...* hin und her, hin und her, ohne dass man Fortschritte macht.

Der Psalmbeter rät uns: *„Sei ruhig in der Gegenwart des Herrn und warte, bis er eingreift. ... Ärgere dich nicht, damit du nichts Unrechtes tust.“*[6] Gott will nicht, dass wir uns aufregen und ängstlich werden. Er möchte, dass wir ruhig bleiben. Ärger und Sorge sind normale Reaktionen auf Angst, aber Ruhe zu bewahren ist ein Akt des Glaubens.

Es ist frustrierend, wenn wir es eilig haben, Gott aber nicht – und Gott ist nie in Eile. Er kommt nie zu spät, aber auch nie zu früh. Er handelt immer genau zum richtigen Zeitpunkt. Gott braucht unsere Hilfe nicht, um die Dinge zu beschleunigen, aber er möchte, dass wir mit ihm zusammenarbeiten, und er möchte, dass wir seinem Zeitplan vertrauen: *„Alles, was auf der Erde geschieht, hat seine von Gott bestimmte Zeit.“*[7] Gottes Zeitplan ist perfekt!

Anstatt uns Sorgen zu machen, empfiehlt Paulus: *„Richtet eure Gedanken auf das, was schon bei euren Mitmenschen* *als rechtschaffen, ehrbar und gerecht gilt, was rein, liebenswert und ansprechend ist, auf alles, was Tugend heißt und Lob verdient ... Gott, der Frieden schenkt, wird euch beistehen!*"[8] Wenn du Zeit damit verbringst, über die Dinge nachzudenken, die Gott gefallen, wirst du erleben, dass er dir Frieden schenkt.

Verlier nicht den Mut

Lass dich nicht entmutigen, wenn es nicht weiterzugehen scheint. Verliere nicht den Mut und gib deinen Traum nicht auf. Warte stattdessen darauf, dass Gott handelt. In Jesaja 40, Vers 31 heißt es: *„Die, die auf den Herrn warten, gewinnen neue Kraft. Sie schwingen sich nach oben wie die Adler. Sie laufen schnell, ohne zu ermüden. Sie gehen und werden nicht matt."* Wer ist mit den Menschen gemeint, die nicht müde werden? Diejenigen, die auf Gott vertrauen und mit ihm rechnen.

Das ist der dritte Punkt, der die Israeliten vom verheißenen Land fernhielt: Sie vertrauten nicht darauf, dass Gott ihnen die nötige Kraft schenken würde. *„Sie murrten gegen Mose und Aaron und klagten: ‚Wären wir doch bloß in Ägypten oder hier in der Wüste gestorben! ... Lasst uns einen Anführer wählen und nach Ägypten zurückkehren!'"*[9] Nichts zehrt mehr an den Kräften als Nörgeln und Jammern.

„Wären wir doch" und „zurückkehren" sind verräterische Anzeichen für Entmutigung: „Wäre ich nur dort geblieben, wo ich war. Hätte ich nur dieses oder jenes getan." Wenn wir zurückblicken, fangen wir an, uns selbst zu hinterfragen:

„Vielleicht habe ich Gott nicht richtig verstanden. Vielleicht habe ich mir das nur eingebildet. Vielleicht hört Gott nicht zu. Vielleicht ist es ihm egal." Und dann beginnen wir, die Vergangenheit zu idealisieren: „Lasst uns nach Ägypten zurückkehren – in die gute alte Zeit." Das Problem mit der guten alten Zeit ist, dass sie eigentlich gar nicht so gut war. Meistens ist das einzig Gute an ihr, dass sie vorbei ist. Die gute alte Zeit sieht im Nachhinein meist besser aus, als sie in Wirklichkeit war. Wir vergessen leicht die alten Schwierigkeiten, wenn wir mit neuen Herausforderungen konfrontiert sind.

Meistens ist das einzig Gute an der „guten alten Zeit", dass sie vorbei ist.

Im Fall der Israeliten bedeutete das, dass sie zwar 400 Jahre lang als Sklaven in Ägypten gelebt hatten, aber nun doch dorthin zurückkehren wollten. Manche Menschen würden lieber in der Sklaverei ihrer Vergangenheit leben, als sich der Angst vor der Freiheit zu stellen. Sie sind nicht bereit, sich durchzubeißen und an ihrem Problem zu arbeiten. Sie wollen lieber aufgeben und zurückgehen. Sie geben sich mit der Mittelmäßigkeit ihres Lebens zufrieden. Sie geben sich mit weniger zufrieden als mit dem Besten, was Gott zu bieten hat.

Werde nicht mutlos oder gib auf, sondern bleib am Ball und sprich mit Gott. Dieser wies Josua an, um die Mauern von Jericho herumzumarschieren. Die Mauern würden einstürzen, versprach er. Aber das geschah nicht gleich beim ersten Versuch. Die Israeliten mussten sieben Tage hintereinander um die Stadt marschieren und am siebten Tag mussten sie noch sieben weitere Runden drehen. Warum die Verzögerung? Warum fielen die Mauern nicht beim ersten Mal? Weil Gott seinem Volk beibringen wollte, was es heißt, ausdauernd zu sein und zu beten.

Paulus ermutigt uns: *„Deshalb werdet nicht müde zu tun, was gut ist. Lasst euch nicht entmutigen und gebt nie auf, denn zur gegebenen Zeit werden wir auch den entsprechenden Segen ernten.“*[10]

Zwischen Säen und Ernten liegt immer eine Zeit des Wartens. Man sät in einer Jahreszeit und erntet in einer anderen. Gott will sehen, ob du weiter kultivierst, pflanzt und säst, während du darauf wartest, dass der Traum Wirklichkeit wird. Er will sehen, ob du es wirklich ernst meinst. Wenn Gott sieht, dass du Ausdauer besitzt, wird die Ernte eintreffen – aber sie wird eben nicht sofort erfolgen. Warum? Wenn es keine Zeit des Wartens gibt, dann gibt es auch keine Charakterentwicklung und kein geistliches Wachstum.

Zwischen Säen und Ernten
liegt immer
eine Zeit des Wartens.

Jesus sagte, dass wir *„beständig beten und nicht aufgeben“* sollen.[11] „Beständig beten“ und „aufgeben“ sind die beiden

Optionen, vor denen du im Leben immer wieder stehst. Du wirst entweder das eine oder das andere tun. Wenn du beständig betest, wirst du den Mut nicht verlieren; wenn du es nicht tust, wirst du mutlos werden. Wir sollten für Ausdauer beten und im Gebet ausdauernd sein.

In dieser dritten Phase, der Zeit des Wartens, stehst du immer wieder vor einer Entscheidung: „Gerate ich in Panik oder bete ich?“ Wenn du betest: „Herr, hilf mir, durchzuhalten und nicht aufzugeben“, hilft dir das, dich nicht zu fürchten, dich nicht zu ärgern und nicht mutlos zu werden.

Vergiss deinen Traum nicht

Je länger die Wartezeit, desto kürzer unser Erinnerungsvermögen. Wenn es nicht vorangeht, neigen wir dazu, unseren Traum zu vergessen. Wir vergessen all das Gute, das wir in der Vergangenheit von Gott empfangen haben. Wir vergessen, dass Gott an unserer Seite ist. Wir vergessen, dass er mächtig ist. Wir fangen an, uns auf all unsere Probleme zu konzentrieren anstatt auf das, was Gott für uns getan hat.

Das war der vierte Fehler der Israeliten auf ihrem Weg durch die Wüste. *„Schon bald vergaßen sie die vielen Beweise seiner Güte und lehnten sich am Roten Meer gegen ihn auf. Dennoch rettete er sie – um der Ehre seines Namens willen und um seine große Macht zu zeigen.“*[12] Es fällt auf, dass es hier heißt, dass sie die „vielen Beweise seiner Güte“ vergaßen; sie dachten nicht mehr an all die Situationen, in denen Gott sie mit seinem Segen überschüttet hatte.

Es ist unglaublich, wie schlecht ihr Gedächtnis war. Gott überzog Ägypten mit zehn Plagen, um den Israeliten die Freiheit zu sichern, aber sie hatten all das nur ein paar Tage später schon wieder vergessen und dachten, sie würden am Roten Meer sterben. Dann teilte Gott auf wundersame Weise das Rote Meer, und sie durchquerten es trockenen Fußes, doch erneut hatten sie das ein paar Tage später wieder vergessen und dachten, sie müssten verdursten. Dann sorgte Gott auf wundersame Weise für Wasser in der Wüste, aber auch das hatten sie schon wenige Tage später vergessen und dachten, sie müssten verhungern. Sie vergaßen ständig, was Gott für sie getan hatte.

Wir sollten nicht zu vorschnell über die Israeliten urteilen, denn wenn wir ehrlich sind, verhalten wir uns doch genauso. Wenn es zu einer Verzögerung kommt, fangen wir an, uns so zu verhalten, als hätte Gott nie etwas für uns getan. Hat Gott dir in der Vergangenheit etwas Gutes getan? Ganz bestimmt, und du kannst dich darauf verlassen, dass er es wieder tun wird. Doch wenn du dich so verhältst, als würde Gott dir bei einem neuen Problem nicht aus der Patsche helfen, vergisst du all die anderen Male, bei denen er dir zu Hilfe gekommen ist.

In Psalm 103,2 heißt es: *„Lobe den Herrn, meine Seele, und vergiss all das Gute nicht, das er für dich tut."* Welche Beweise seiner Güte hast du vergessen? Wie hat er dir in der Vergangenheit geholfen? Bevor du das nächste Kapitel dieses Buches aufschlägst, könntest du dir ja mal ein Blatt Papier nehmen und alles aufschreiben, was Gott bereits für dich getan hat. Welche Gebete hat er erhört? Welche Bedürfnisse hat er gestillt? Bei welchen Schwierigkeiten hat er dir geholfen?

Schreibe diese Erfahrungen auf. Ich garantiere dir, die Erinnerung daran wird dein Vertrauen stärken, womit auch immer du heute noch konfrontiert werden wirst.

In der Warteschleife

Wenn du denkst, dass Gott zu lange braucht, um deinen Traum zu erfüllen, eröffnet dir Petrus einen anderen Blickwinkel: *„Der Herr erfüllt seine Zusagen nicht zögernd, wie manche meinen. Im Gegenteil: Er hat Geduld mit euch."*[13] Natürlich kann Gott Dinge sofort herbeiführen, aber er verfolgt einen umfassenderen Plan. Bevor er die Lösung schenkt, sollen wir vielleicht erst etwas lernen. Er will unser persönliches Wachstum fördern, bevor er uns weiterhilft.

Du denkst vielleicht, du bist jetzt für den nächsten Schritt bereit. Aber Gott weiß, dass du es nicht bist. Zeiten des Wartens verhindern, dass du Gott vorauseilst. Zeiten des Wartens lehren dich, ihm zu vertrauen. Sie bringen dir bei, dass sein Timing perfekt ist und du nicht die Kontrolle hast.

Gott ist nie in Eile. Die Verzögerungen machen Gottes Absichten nicht zunichte – sie *erfüllen* Gottes Absicht. Sie gestalten dich zu einem besseren Menschen um – sie machen dich Jesus ähnlicher.

Wo wartest du gerade darauf, dass Gott etwas unternimmt? Wartest du darauf, dass er ein Problem aus der Welt schafft? Dass er ein Gebet erhört? Dass er an einem Ort, an dem das unmöglich scheint, einen Weg bahnt – in finanzieller Hinsicht, körperlich, in einer Beziehung oder im Hinblick auf deine Berufung? Vielleicht wartest du schon lange darauf, dass Gott dir die richtige Person über den Weg schickt. Vielleicht wartest du darauf, dass Gott dir hilft, eine Krise zu bewältigen. Gott hat dich nicht vergessen. Eine Verzögerung ist keine Verweigerung.

Es gibt einen großen Unterschied zwischen „Nein" und „Noch nicht". Oft sagt Gott: „Noch nicht", aber wir denken, er sage Nein. Deshalb reagieren wir in einer Phase, in der sich alles verzögert, oft mit Zweifeln. Wir beginnen zu denken: *Vielleicht habe ich Gottes Absichten verfehlt. Vielleicht hat Gott seine Meinung geändert. Vielleicht habe ich etwas falsch gemacht.* Aber auch hier gilt: Eine Verzögerung ist keine Verweigerung. Ein Aufschub macht niemals Gottes Absichten für dein Leben zunichte.

Eine Verzögerung ist keine Verweigerung.

Beim Propheten Habakuk lesen wir: „*Was ich dir jetzt offenbare, wird nicht sofort eintreffen, sondern erst zur festgesetzten Zeit. Aber es wird sich ganz bestimmt erfüllen, darauf kannst du dich verlassen. Warte geduldig, selbst wenn es noch eine Weile dauert!*"[14]

Gott wird seine Absichten für dein Leben erfüllen, wenn du keine Angst hast, nicht rumjammerst und dich nicht sorgst, dich nicht entmutigen lässt und nicht vergisst, wie viel Gutes er schon für dich getan hat.

Kapitel 5
Schwierigkeiten bewältigen

„Hier auf der Erde werdet ihr viel Schweres erleben. Aber habt Mut, denn ich habe die Welt überwunden."

Johannes 16,33

Jede Herausforderung ist ein Lehrmeister. Jeder Sturm ist eine Lektion. Jedes Erlebnis ist eine lehrreiche Erfahrung. Jede Schwierigkeit beeinflusst unsere persönliche Entwicklung.

Schauen wir uns die bisher behandelten Glaubensschritte noch einmal an: In der ersten Phase schenkt Gott uns einen Traum von dem, was er durch unser Leben erreichen möchte. In Phase zwei entscheiden wir uns, den Traum zu verwirklichen. Dann kommt Phase drei: die unvermeidliche Verzögerung. Und gerade wenn wir denken, dass wir nicht länger warten können, stoßen wir auf Phase vier: Schwierigkeiten.

Jesus hat angekündigt, dass dies geschehen würde: *„Hier auf der Erde werdet ihr viel Schweres erleben. Aber habt Mut, denn ich habe die Welt überwunden."*[1] Schwierigkeiten gehören zum Leben dazu. Die Frage ist nicht, *ob* wir

Schwierigkeiten haben werden. Die Frage ist, *wie* wir darauf reagieren werden. Unsere Reaktion wird zeigen, wie es um unsere emotionale und geistliche Reife bestellt ist.

Nur wenige Menschen sind mit den Schwierigkeiten konfrontiert worden, die der Apostel Paulus erlebt hat. Er sagte darüber:

Ich habe viel härter gearbeitet, war öfter im Gefängnis, wurde öfter geschlagen, als ich zählen kann, und stand immer wieder an der Schwelle des Todes. Ich wurde fünfmal mit den neununddreißig Peitschenhieben der Juden ausgepeitscht, dreimal mit römischen Ruten geschlagen und einmal mit Steinen beworfen. Dreimal erlitt ich Schiffbruch und trieb eine Nacht und einen Tag lang im offenen Meer. Auf meinen jahrelangen Reisen musste ich Flüsse durchqueren, Räuber abwehren, mit Freunden und Feinden kämpfen. Ich war in der Stadt ebenso gefährdet wie auf dem Land, von der Wüstensonne und von Seestürmen bedroht und wurde von Menschen verraten, die ich für meine Brüder hielt. Ich habe Schufterei und harte Arbeit erlebt, viele lange und einsame Nächte ohne Schlaf, habe viele Mahlzeiten verpasst, war der Kälte und dem Wetter schutzlos ausgesetzt. Und das ist noch der geringere Teil, wenn man den täglichen Druck und die Ängste in allen Gemeinden hinzunimmt.[2]

Trotz all der Schwierigkeiten, die Paulus im Rahmen seiner Missionstätigkeit erlebte, gab er Gottes Traum für sein Leben nie auf. Er hatte eine viel größere Perspektive. Paulus schrieb: *„Wir geben nicht auf. Wie könnten wir auch! Auch wenn es äußerlich oft so aussieht, als ob alles um uns zerbricht,* *im Innern, wo Gott neues Leben hervorbringt, vergeht nicht ein Tag, ohne dass wir seine Gnade erfahren."*[3]

Und wenig später schrieb er: *„In allem, was wir tun, sind wir Diener Gottes. Geduldig ertragen wir alle möglichen Schwierigkeiten, Entbehrungen und Sorgen."*[4] Geduld und Durchhaltevermögen sind der Schlüssel zum Erfolg.

Eine der herausforderndsten Situationen im Leben von Paulus wird im 27. Kapitel der Apostelgeschichte beschrieben: Paulus sollte als Gefangener mit dem Schiff nach Rom gebracht werden. Er warnte den Kapitän und die Mannschaft davor auszulaufen, weil Gott ihm gesagt hatte, dass es einen Sturm geben würde. Der Kapitän wurde jedoch ungeduldig und beschloss, trotzdem abzulegen, und so segelten sie direkt in die Katastrophe.

Die Besatzung machte drei weitverbreitete Fehler, als sie beschloss, in See zu stechen. Es sind die gleichen Fehler, die du und ich ebenfalls begehen und die uns hin und wieder in Schwierigkeiten bringen.

Erstens: Sie folgten einem schlechten Ratschlag. In Apostelgeschichte 27,11 heißt es: *„Doch der Offizier, der für die Gefangenen verantwortlich war, hörte mehr auf den Steuermann und den Schiffseigner."* Gott hatte ihnen bereits durch Paulus zu verstehen gegeben, dass sie nicht losfahren sollten, aber weil der „Experte" ihnen mitteilte, dass es schon in Ordnung sei, setzten sie die Segel. Auf dieser Welt gibt eine Menge Experten. Wir können sie in jeder Talkshow und jeder Nachrichtensendung sehen. Aber wenn Gott dir zu verstehen gibt, dass du etwas tun sollst, und alle Experten dieser Welt seiner Botschaft widersprechen, solltest du nicht auf die Experten hören. Befolge das, was Gott dir sagt.

Der zweite Fehler der Crew bestand darin, dass sie dem Mehrheitsbeschluss folgte. Sie gab dem Gruppendruck nach. Es waren 276 Menschen an Bord des Schiffes und: *„So waren die meisten dafür, wieder in See zu stechen."*[5] Es gibt einen Ausspruch, den man häufig hört: „Aber das machen doch alle." Na und? Die Mehrheit hat oft unrecht. Lemminge sind kleine Nagetiere, denen man (zu Unrecht) nachsagt, dass sie einander sogar über eine Klippe folgen und dann im Meer ertrinken. Es ist auch schon vorgekommen, dass ganze Walgruppen am Ufer gestrandet sind. Wenn alle es tun, bedeutet das aber vielleicht, dass niemand darüber nachdenkt, was er da tut. Wenn Gott Nein sagt oder dir zu verstehen gibt, dass du einen anderen Weg einschlagen solltest, dann ist er der Einzige, dem du folgen solltest.

Ihr dritter Fehler bestand darin, dass sie sich auf die äußeren Umstände verließen. In Vers 13 heißt es: *„Als sich dann ein leichter Südwind erhob, dachten die Seeleute, sie könnten es schaffen."* Die Mannschaft ging davon aus, dass es ein schöner Tag zum Segeln sei. Aber die äußeren Umstände sind nicht immer so, wie sie scheinen. Es sah zwar so aus, als könnten sie aufs Meer hinaussegeln, aber Gott hatte bereits Nein gesagt – und bald darauf gerieten sie in einen Sturm.

....

Bei jeder Gelegenheit, die sich dir bietet, solltest du dir die Frage stellen:
Ist das im Einklang mit Gottes guten Absichten für mich?

....

Geh nicht durch jede offene Tür, die du siehst. Nimm nicht jede Gelegenheit wahr, die sich dir bietet. Tritt nicht jeden Job an, den man dir offeriert. Geh nicht mit jedem eine Beziehung ein, bei dem du dich gut fühlst. Bei jeder Gelegenheit, die sich dir bietet, solltest du dir die Frage stellen: *Ist das im Einklang mit Gottes guten Absichten für mich?*

Hast du schon einmal Schiffbruch erlitten? Vielleicht war es ein emotionaler Schiffbruch. Vielleicht hast du in einer Beziehung Schiffbruch erlitten. Oder im Hinblick auf deine Finanzen, deine berufliche Karriere oder deine Gesundheit. Was solltest du tun, wenn du mit solchen Schwierigkeiten konfrontiert bist?

Wir können aus Apostelgeschichte 27 drei Dinge lernen, die wir tun sollten, wenn wir uns Schwierigkeiten gegenübersehen: die Ursache ermitteln, die sich daraus ableitbare Lektion ergründen und entscheiden, wie wir reagieren wollen.

Ermittle die Ursache

Stell dir die Frage: „Was hat diese Probleme verursacht?"

Den Schwierigkeiten, mit denen wir in unserem Leben konfrontiert werden, liegen vor allem vier Hauptursachen zugrunde: erstens *wir selbst.* Was bedeutet, dass wir uns eingestehen müssen: „Die erste und vorrangige Ursache für meine Probleme bin ich selbst." Ich weiß, es fällt uns schwer, das zuzugeben, aber es ist wahr: Wir haben uns viele unserer Probleme selbst zuzuschreiben.

Die zweite Ursache sind andere Menschen. Die dritte

Ursache ist der Feind. Und die vierte Ursache ist Gott. Richtig gehört: Es kann sein, dass Gott sich hinter den Schwierigkeiten in unserem Leben verbirgt. Er lässt manchmal zu, dass Probleme in unserem Leben auftauchen, um unsere Aufmerksamkeit auf sich zu lenken, um uns zu prüfen und um unseren Charakter zu formen.

Am schwierigsten ist der Umgang mit Problemen, mit denen man ohne eigenes Verschulden konfrontiert wird. Nicht jeder Schiffbruch in deinem Leben ist deine Schuld. Manchmal ist man einfach zur falschen Zeit am falschen Ort. Paulus war ein Gefangener; er hatte keine andere Wahl. Er erlebte einen Schiffbruch, weil andere schlechte Entscheidungen getroffen hatten.

Wenn du eine schwere Zeit durchmachst: Woher kannst du dann wissen, was die Ursache dafür ist? Sprich mit Gott, und bitte ihn, es dir zu zeigen. Dies erlebte auch der Psalmist: *„Also versuchte ich zu begreifen, ... aber es war viel zu schwer für mich. Schließlich ging ich in dein Heiligtum, und dort wurde mir auf einmal klar: ...“*[6] Wenn wir Gott anbeten, schenkt er uns Klarheit. Er öffnet uns die Augen, damit wir die Dinge so sehen, wie er sie sieht.

Ermittle also zunächst die Ursache und frag dich: „Was hat dieses Problem verursacht? War ich es? Waren es andere Menschen? War es der Feind? Oder verbirgt sich Gott dahinter?“

Ergründe die sich daraus ableitbare Lektion

Stell dir die Frage: „Was will Gott mich durch diese Herausforderung lehren?"

Paulus schreibt in Römer 5,3–4: *„Wir freuen uns auch dann, wenn uns Sorgen und Probleme bedrängen, denn wir wissen, dass wir dadurch lernen, geduldig zu werden. Geduld aber macht uns innerlich stark, und das wiederum macht uns zuversichtlich in der Hoffnung auf die Erlösung."* Es gibt Situationen, in denen Gott möchte, dass du durch deine Schwierigkeiten etwas lernst. Vielleicht will er durch die Krisen, die du gerade durchmachst, deinen Charakter formen.

Das Problem ist, dass die meisten von uns ausgesprochen langsam lernen. Normalerweise versäumen wir es, die Lektion gleich beim ersten Mal zu lernen, also lässt Gott zu, dass wir immer wieder mit den gleichen Schwierigkeiten konfrontiert werden. Er tut dies, weil ihm unser Charakter wichtiger ist als unsere Bequemlichkeit. Gott ist mehr daran interessiert, uns Jesus ähnlicher zu machen, als es uns leicht zu machen.

....

Gott ist mehr daran interessiert, uns Jesus ähnlicher zu machen, als es uns leicht zu machen. Unser Charakter ist ihm wichtiger als unsere Bequemlichkeit.

....

Unter Umständen bist du ja gerade mit riesigen Schwierigkeiten konfrontiert, eventuell sogar mit einem Schiffbruch. Vielleicht handelt es sich um eine Krankheit, eine Angst, eine finanzielle Belastung oder ein Beziehungsproblem. Gibt es etwas, das du daraus lernen könntest? Will Gott dir hier etwas mitteilen? Wie schon Paulus schrieb: Gott möchte, dass du Charakterstärke entwickelst, und er möchte, dass du lernst, ihm zu vertrauen. Gott will nicht, dass du deinen Traum aufgibst; er will, dass du dich weiterentwickelst, und zwar so, dass du Jesus ähnlicher wirst.

Entscheide, wie du reagieren willst

Stell dir die Frage: „Wie sollte ich auf meine Probleme reagieren?"

Das Leben ist nicht fair, und manchmal tut es weh – das ist unvermeidlich. Aber wie wir darauf reagieren, hängt ganz von uns ab. Wir werden uns dadurch entweder bessern oder verbittert sein. Wir werden uns entweder zum Positiven entwickeln oder wir geben auf. Entweder werden wir so, wie Gott uns gedacht hat, oder wir werden innerlich schrumpfen, und unser Herz wird hart werden. Es ist unsere Entscheidung.

Was *mit dir* geschieht, ist nicht annähernd so wichtig wie das, was *in dir* geschieht. Warum? Weil das, was dir widerfährt, nur von vorübergehender Dauer ist, aber das, was in dir geschieht, hat Auswirkungen bis in die Ewigkeit. Es geht um deinen Charakter, denn dein Charakter ist das Einzige, was du in die Ewigkeit bei Gott mitnehmen wirst.

Wie solltest du also reagieren, wenn du in Schwierigkeiten gerätst? Paulus und seine Geschichte lehren uns drei Dinge, die wir *nicht* tun sollten, und drei Dinge, die wir tun sollten, wenn wir uns in einem der Stürme des Lebens befinden. Hier sind drei Dinge, die wir *nicht* tun sollten.

....

Was *mit dir* geschieht,
ist nicht annähernd so wichtig wie das,
was *in dir* geschieht.

....

Lass dich nicht treiben

In Apostelgeschichte 27,14–15 wird berichtet: *„Plötzlich schlug das Wetter um, und ein Wind mit der Kraft eines Wirbelsturms (den man ‚Nordost' nennt) kam auf. Als es ihnen nicht gelang, das Schiff in den Wind zu drehen, gaben sie auf und ließen es treiben."* Das Schiff befand sich auf dem Mittelmeer. Die Seeleute hatten seit vierzehn Tagen weder Sonne noch Sterne gesehen. Sie konnten sich also nicht orientieren und wussten nicht, wo sie waren. Daraufhin verloren sie die Hoffnung, ihr Ziel zu erreichen, und ließen sich einfach treiben.

Das passiert auch mit Menschen, die ihr Ziel, ihren Sinn, ihren Traum für ihr Leben aus den Augen verlieren: Sie treiben auf einem Meer der Ungewissheit dahin. Sie laufen einfach mit der Masse mit, um zu überleben. Andere leben gewissermaßen im „Leerlauf" – das Problem dabei ist bloß, dass man nur dann Fahrt aufnimmt, wenn es bergab geht.

Verliere deinen Traum nicht aus den Augen, wenn das Leben schwierig wird. Konzentriere dich auf dein Ziel und auf das, was Gott dich vielleicht lehren will, und denke daran, dass er dich auch in dieser Situation nicht alleingelassen hat, wenn du deinen Traum verfolgst.

Wirf nichts Wichtiges über Bord

In Apostelgeschichte 27,18 heißt es weiter: *„Am nächsten Tag ... fing die Besatzung in ihrer Not an, Fracht über Bord zu werfen."* Wind und Wellen setzten ihnen so zu, dass die Mannschaft begann, Dinge über Bord zu werfen, damit das Schiff leichter wurde. Zunächst warfen sie die Ladung über Bord, dann warfen sie das Tauwerk ins Wasser und schließlich das Getreide. Weil der Sturm so stark war, warfen sie Dinge weg, die sie eigentlich brauchten. Aber auch eine leichtere Ladung führte nicht dazu, dass der Sturm abschwächte.

Diese Reaktion auf Schwierigkeiten sehen wir häufig. Wenn der Druck zunimmt und der Stress unerträglich wird, beginnen wir, das loszulassen, was wirklich wertvoll ist. Wir sagen: „Ich werfe das Handtuch. Ich gebe meine Familie auf. Ich gebe die Firma auf. Ich gebe meinen Traum auf." Wir fangen an, Dinge wegzuwerfen, die wir nicht wegwerfen sollten. Wir geben unsere Werte auf, vergessen unser Erbe und kehren Beziehungen den Rücken.

Einige der Seeleute versuchten, das Schiff zu verlassen.

Aber Paulus sagte zum Hauptmann: *„Wenn die Seeleute nicht an Bord bleiben, könnt ihr nicht gerettet werden."*[7] Also kappten die Soldaten die Seile zu den Rettungsbooten, sodass diese ins Meer stürzten. Da es keinen anderen Ausweg mehr gab, waren alle gezwungen, auf dem Schiff zu bleiben. Sie mussten den Sturm aussitzen.

Hast du das auch schon einmal getan? Zum Beispiel in deiner Ehe? Hast du die Leinen der Rettungsboote gekappt, sodass du keine „Fluchtmöglichkeit" mehr hattest? Hast du gesagt: „Scheidung steht für uns nicht zur Debatte. Wir werden dafür sorgen, dass diese Ehe Bestand hat"? Solange du das nicht getan hast, wirst du oft in Versuchung geraten, das Schiff zu verlassen, wenn ein Sturm über dich hereinbricht.

Wenn du die Seile zu den Rettungsbooten nicht durchtrennst, wirst du nie den Charakter entwickeln, den Gott sich für dich wünscht. Es ist immer leichter, das angeschlagene „Schiff" zu verlassen, als Charakter zu entwickeln. Gott kann Situationen und Persönlichkeiten verändern. Er kann sogar dich verändern! Aber er wird es nicht tun, wenn du immer wegläufst. Gott sagt: „Bleib auf dem Schiff." Wirf die Werte, von denen du weißt, dass sie richtig und wichtig sind, nicht über Bord.

Verzweifle nicht

In Apostelgeschichte 27,20 wird weiter berichtet: *„Der schreckliche Sturm tobte tagelang, ohne nachzulassen, und verdunkelte Sonne und Sterne, bis schließlich alle Hoffnungen auf*

Rettung verflogen waren.“ Die Hoffnung stirbt immer zuletzt. Paulus und die Mannschaft waren vierzehn Tage lang in völliger Dunkelheit unterwegs. Sie hatten keine Ahnung, wohin sie gerade trieben. Sie wurden von unbändigen Kräften hin und her geworfen. Sie hatten ihre Ladung, ihre Ausrüstung und ihren Proviant aufgegeben. Und schließlich gaben sie auch die Hoffnung auf.

Aber sie hatten eines vergessen: Selbst in einem Sturm hat Gott die Kontrolle. Er hatte sie nicht verlassen – und er hat auch dich nicht verlassen. Verzweifle nicht. Du spürst vielleicht seine Gegenwart nicht länger, aber er ist in deinem Sturm bei dir. Er wird dir helfen, diesen zu überstehen. Gott stellt dich vielleicht gerade auf die Probe, um zu sehen, ob du ihm vertrauen wirst.

Paulus hatte die richtige Sicht der Schwierigkeiten, mit denen er konfrontiert war. Er sagte: *„Darum verliere ich nicht den Mut. Die Lebenskräfte, die ich von Natur aus habe, werden aufgerieben; aber das Leben, das Gott mir schenkt, erneuert sich jeden Tag. Die Leiden, die ich jetzt ertragen muss, wiegen nicht schwer und gehen vorüber. Sie werden mir eine Herrlichkeit bringen, die alle Vorstellungen übersteigt und kein Ende hat.*“[8] Nach allem, was er durchgemacht hatte, nach allem, was er erlitten hatte, wusste Paulus, dass im Vergleich zu der Herrlichkeit, die ihn im Himmel erwartete, nichts „schwer wiegt“. Sein Glaube war unkaputtbar. Er hatte die Gewissheit, dass die Probleme nicht ewig andauern, sondern vorübergehen würden.

Probleme dauern nicht ewig an, sondern gehen vorüber.

Was ist also die richtige Reaktion auf Schwierigkeiten?

Hier sind drei Dinge, die wir tun *sollten.*

Gestehe ein, wo du einen Teil der Schuld an dem Problem trägst

Wenn du dir den Ärger selbst eingebrockt hast, dann gib das zu. Hör auf, anderen die Schuld zuzuschieben. Hör auf, Ausflüchte zu machen. Wenn du ein Suchtproblem hast, gib es zu. Wenn du ein Problem mit deinem Temperament oder deiner Zunge hast, gib es zu. Wenn du ein Problem mit deinem Konsumverhalten hast, gib es zu. Jesus sagte, wenn wir die Wahrheit erkennen, wird *„die Wahrheit euch frei machen"*.[9] Aber nur die Wahrheit, die du erkennst – die Wahrheit, der du dich stellst –, wird dir die Freiheit bringen.

Was sind die Dinge, von denen du so tust, als wären sie kein Problem, die aber der Erfüllung deines Traums im Weg stehen? Die Bibel macht deutlich: *„Wer seine Sünden verheimlicht, dem wird es nicht gut gehen. Aber wenn er sie bekennt und davon lässt, wird er Barmherzigkeit finden."*[10] Willst du eine neue Chance? Dann gesteh dir ein, inwieweit du vielleicht selbst einen Teil der Schuld an dem Problem trägst, und übernimm die Verantwortung.

Stell dich dem Problem

Man kann einem Sturm nur auf eine Weise begegnen: Man muss sich ihm stellen. Lauf nicht davor weg. Versuch nicht, den Kopf in den Sand zu stecken oder links oder rechts an ihm vorbeizuschleichen. Du musst dich dem Problem stellen. Du wirst ein Problem niemals dadurch lösen, dass du es ignorierst.

Gott wird dich nicht um den Sturm herumführen. Er wird dich *durch den* Sturm hindurchführen. Wenn du dich querstellst, wirst du kentern. Gott möchte, dass du dich dem Sturm stellst und ihn nicht fürchtest. Stell dich dem Konflikt in deiner Beziehung. Stell dich dem Problem mit deiner Gesundheit. Stell dich den Spannungen auf der Arbeit. Stell dich den Herausforderungen deiner Gemeinde. Du wirst das Wunder erst dann begreifen, wenn du begreifst, dass du mit einer unmöglichen Situation konfrontiert bist. Gott hat nie gesagt, dass es einfach sein würde, aber er verspricht: „Ich werde bei dir sein." Du wirst es schaffen!

Nimm eine Verheißung für dich in Anspruch

Wenn du ein Problem hast, dann suche nach einer dazu passenden Verheißung. Es gibt mehr als 7 000 Verheißungen in der Bibel, auf die du dich berufen könntest, wenn du schwere Zeiten durchmachst. Du wirst besser in der Lage sein, deine Entmutigung zu überwinden, wenn du aufhörst, dich auf das zu konzentrieren, was schiefgehen könnte, und anfängst, deine Aufmerksamkeit auf Gottes Zusagen zu richten.

Als der Sturm tobte, brach alles in sich zusammen – außer Paulus. Warum brach Paulus nicht zusammen? Weil er sein Vertrauen auf Gott setzte und nicht auf das Schiff. Paulus klammerte sich an das, was Gott ihm versprochen hatte. Er sagte den anderen: *„Seid mutig! Denn ich glaube Gott und vertraue darauf, dass es genauso kommen wird, wie er es mir gesagt hat."*[11] Und Paulus wusste, Gott würde seine Versprechen halten. Gott hatte nicht gesagt, dass das Schiff es schaffen würde. Vielmehr hatte er gesagt, dass es zerschellen würde. Aber Gott hatte versprochen, die Männer würden es schaffen – und das taten sie auch. Einige schwammen ans Ufer, andere retten sich auf die Wrackteile des Schiffes.

Vielleicht ist auch gerade ein Sturm über dich hereingebrochen. Dein „Schiff" wird es eventuell nicht schaffen. Vielleicht wirst du dein Haus verlieren. Vielleicht wirst du dein Auto verlieren. Vielleicht wirst du deinen Job verlieren. Gott hat nie versprochen, dass er alles verschonen wird, was dein Leben so sicher und angenehm macht. Aber er hat versprochen, dass du es schaffen wirst. Vielleicht musst du dich ein bisschen abstrampeln, um dich über Wasser zu halten. Vielleicht wirst du auch auf einem Wrackteil deines Lebensschiffes ans Ufer gelangen. Aber du wirst es schaffen.

Keiner von uns kommt gänzlich ungeschoren durchs Leben; wir sind alle in der einen oder anderen Hinsicht gebrochene Menschen. Vielleicht hast du ein gebrochenes Herz. Vielleicht ist dein Zuhause zerrüttet. Aber wenn du dich an Gottes Verheißungen hältst, wirst du es schaffen.

Gib nicht auf

Wird dein Lebensschiff gerade von einem Sturm bedroht? Fühlst du dich angeschlagen und ramponiert? Fühlst du dich wie das Schiff im Mittelmeer, verloren in der Dunkelheit und kurz davor auseinanderzubrechen? Verzögern Schwierigkeiten die Erfüllung deines Traums? Du befindest dich in Phase vier: Gib nicht auf – schau nach oben! Werde nicht unruhig und ängstlich. Lass dich nicht treiben und gib deinen Traum nicht auf. Wirf die Werte und Beziehungen nicht über Bord, von denen du weißt, dass sie wichtig sind. Lass dich auch nicht von deinen Überzeugungen abbringen. Verzweifle nicht, und lass Gott nicht los, denn er hat versprochen: *„Ich werde dich nie verlassen und dich nicht im Stich lassen.“*[12]

Lass dich nicht treiben, wirf nichts Lebensnotwendiges über Bord, verzweifle nicht – und gib niemals die Hoffnung auf. Gottes Absichten für dich sind größer als deine Probleme.

Kapitel 6
Umgang mit Sackgassen

„Was bei den Menschen unmöglich ist, ist bei Gott möglich."

Lukas 18,27

Krebs. Scheidung. Zwangsvollstreckung. Konkurs. Unfruchtbarkeit. Arbeitslosigkeit. Das sind „Sackgassenwörter" – Wörter, die eine schlimme Geschichte erzählen. Sie verströmen Angst und Hoffnungslosigkeit und können einen Traum platzen lassen.

Wie reagierst du, wenn dein Traum zum Albtraum wird? Was tust du, wenn dein Alltag außer Kontrolle gerät? Zweifelst du an Gottes Liebe und Weisheit? Stellst du infrage, ob er wirklich gut und vertrauenswürdig ist? Fragst du dich, ob er sich einen grausamen Scherz mit dir erlaubt und dir einen Traum schenkt, nur um ihn dann platzen zu lassen? Wie immer du in dieser Situation reagierst: Du hast die fünfte Phase des Glaubens erreicht – die Sackgassenphase.

In der Sackgassenphase fängt man an, sich die Frage zu stellen: „Was ist los, Gott? Habe ich deinen Willen falsch verstanden? Habe ich deine Vision verfehlt? Habe ich mir das alles nur einbildet?"

Moses Sackgasse

Das beste Beispiel für eine Sackgasse ist der Auszug der Israeliten aus Ägypten unter der Führung von Mose. Gott hatte zehn Plagen geschickt, um die Ägypter dafür zu strafen, dass sie sein Volk versklavt hatten, und schließlich meinte der Pharao: *„Verschwindet! ... Zieht fort aus unserem Land, ihr und die anderen Israeliten!"*[1] Doch schon kurz darauf änderte er seine Meinung wieder und sandte den Israeliten seine Armee hinterher, um sie zurückzubringen.

Die Israeliten saßen zu diesem Zeitpunkt am Schilfmeer fest: zu beiden Seiten Berge, vor ihnen das Meer, und von hinten eilte das feindliche Heer auf sie zu. Es gab keinen Ausweg mehr – und doch wollte Gott, dass sie genau dort waren.

Im 2. Buch Mose können wir lesen, dass das Volk völlig entsetzt war und sich bei Mose beklagte. Sie hätten lieber als Sklaven in Ägypten bleiben sollen, als am Schilfmeer zu sterben, meinten sie. Auch heute noch gibt es Menschen, die lieber in Knechtschaft leben, als ein Risiko einzugehen, um ihre Freiheit zu erlangen. Sie nehmen lieber eine schlechte Situation in Kauf, die nicht dem Willen Gottes entspricht, als Gottes Absichten zu verfolgen und darauf zu vertrauen, dass er ein Wunder vollbringen wird.

Vielleicht hast du ja das Gefühl, dass dein Feind, Satan, alles daransetzt, dich wieder in die Sucht, in die Verzweiflung oder in alte Gewohnheiten zurückzutreiben, die dich versklavt haben. Er raunt dir zu: „Ich hatte es dir ja gesagt. Du wirst nie frei sein. Dein Leben wird nie etwas wert sein. Dein ‚Traum' ist nur Einbildung. Was glaubst du, wer du bist?"

Aber „Was glaubst du, wer du bist?“ ist die falsche Frage. Die richtige Frage lautet: „Was glaubst du, wer Gott ist?“

Warum befanden sich die Israeliten denn am Schilfmeer? Weil Gott sie dorthin geführt hatte, und zwar aus einem bestimmten Grund. Die Israeliten dachten, sie seien dem Untergang geweiht, aber Gott hatte eine Überraschung auf Lager. Er war im Begriff, ihnen seine Macht auf eine Weise zu demonstrieren, wie er es noch nie zuvor getan hatte.

Mose sagte: *„Habt keine Angst! Wartet ab und seht, wie der Herr euch heute retten wird. Denn ihr werdet diese Ägypter dort nie wiedersehen. Der Herr selbst wird für euch kämpfen. Bleibt ganz ruhig!“*[2]

Stehst du gerade mit dem Rücken zur Wand? Wünschst du dir, du hättest dich nie auf Gottes Traum eingelassen? Spricht alles gegen dich? Dann ist es an der Zeit, dranzubleiben und danach Ausschau zu halten, wie Gott dich beschützen und versorgen wird – selbst wenn du davon jetzt noch nichts sehen kannst. *„Wenn ihr nicht glaubt, dann werdet ihr nicht bestehen“*[3] lesen wir beim Propheten Jesaja.

Die Israeliten befanden sich in einer Sackgasse, aber die Rettung stand kurz bevor.

Abrahams Sackgasse

Auch Abraham erreichte die fünfte Phase des Glaubens. Gott hatte ihm den Traum geschenkt, der Vater einer großen Nation zu werden. Als er 99 Jahre alt war, hatten Abraham und seine unfruchtbare Frau Sara immer noch keine eigenen Kinder. Doch als Abraham dann 100 Jahre alt war, wurde auf wundersame Weise Isaak geboren, der Sohn der Verheißung. Aber dann fordert Gott Abraham auf, seinen Sohn wieder herzugeben. Gott sagte: *„Nimm deinen einzigen Sohn Isaak, den du so lieb hast, und geh mit ihm ins Land Morija. Dort werde ich dir einen Berg zeigen, auf dem du Isaak als Brandopfer für mich opfern sollst.“*[4]

Was Gott Abraham zu tun befahl, mag uns verstören. Es hatte den Anschein, als würde Abraham sein Traum von der Zukunft wieder genommen. Abraham befand sich in einer Sackgasse. Dennoch tat er, was Gott ihm gesagt hatte, denn er vertraute darauf, dass Gott ihm einen Ausweg eröffnen würde. Der Hebräerbrief berichtet: *„Abraham ging davon aus, dass Gott Isaak wieder zum Leben erwecken konnte, wenn er gestorben war.“*[5]

Vielleicht befindest du dich ja heute auch in einer Sackgasse. Vielleicht fragst du dich: „Warum passiert mir das?“ Es könnte sein, dass Gott dich auf die sechste Phase vorbereitet, die Rettungsphase. Gott bereitet dich auf ein Wunder vor. Je finsterer deine Situation, je verzweifelter deine Lage, je hoffnungsloser die Dinge scheinen, desto größer ist vielleicht die Erlösungstat, auf die Gott dich gerade vorbereitet.

Was kannst du tun, wenn du in eine Sackgasse geraten bist und auf Rettung wartest?

Im 4. Kapitel des Römerbriefs beschreibt Paulus vier Lektionen, die wir von Abraham lernen können, als dieser auf Rettung wartete.

Erinnere dich an das, was Gott zu tun vermag

Die Situation mag sich deiner Kontrolle entziehen, aber sie entzieht sich niemals Gottes Kontrolle. Deshalb gilt, wenn du in eine Sackgasse gerätst: Richte deinen Blick nicht auf das, was du *nicht* tun kannst, sondern auf das, was Gott tun *kann*. Paulus weist darauf hin, dass *„Abraham an den Gott glaubte, der die Toten zum Leben erweckt und ins Dasein ruft, was vorher nicht war"*.[6]

Richte deinen Blick nicht auf das,
was du *nicht* tun kannst,
sondern auf das, was Gott tun *kann*.

Nur Gott kann Toten wieder Leben einhauchen. Nur Gott kann etwas aus dem Nichts erschaffen. Das ist die Definition eines Wunders. Wenn Gott einen toten Menschen zum Leben erwecken kann, kann er auch eine tote Karriere zum Leben erwecken. Er kann einer toten Ehe Leben einhauchen. Er kann einem toten Traum Leben verleihen. Er kann eine finanzielle Sackgasse durchbrechen. Er kann dort einen Weg schaffen, wo kein Weg ist. Gott benötigt nichts, mit dem er dann arbeiten kann; er kann aus dem Nichts Neues erschaffen.

Wirf noch einmal einen Blick in Römer 4,17: *„Abraham glaubte an Gott."* Er glaubte nicht an positives Denken. Positiv zu denken ist gut (denn was wäre die Alternative?), aber positives Denken ist nicht dasselbe wie Glaube. Positives Denken funktioniert in Situationen, die du unter Kontrolle hast. Aber wenn du mit Dingen konfrontiert wirst, die sich deiner Kontrolle entziehen, brauchst du mehr als nur eine positive Einstellung. Du brauchst Vertrauen in Gott, denn nur Gott kann kontrollieren, was du nicht kontrollieren kannst – und das gilt wahrscheinlich für das meiste in deinem Leben. Deshalb bist du viel stärker auf deinen Glauben angewiesen als auf positives Denken.

Darauf weist auch Jesus hin: *„Was menschlich gesehen unmöglich ist, ist bei Gott möglich.“*[7] Gott ist ein Spezialist für Unmögliches. Deshalb ist es wichtig, sich daran zu erinnern, was Gott alles zu tun vermag.

Verlass dich auf das, was Gott gesagt hat

In Römer 4,18 heißt es: *„Obwohl alles hoffnungslos schien, gab Abraham die Hoffnung nicht auf, sondern glaubte* [Gottes] *Worten.“*[8]

Woran erkennt man, dass die eigene Hoffnung gestorben ist? Man fängt an, das Wörtchen „nie“ zu benutzen: „Ich werde *nie* meinen Abschluss machen ... Ich werde *nie* wieder gesund werden ... Es wird mir *nie* gelingen, schuldenfrei zu werden ... Ich werde die Schande und den Kummer *nie* vergessen ... Ich werde mich *nie* ändern ... Ich werde *nie* so werden, wie Gott mich gedacht hat.“

Was kannst du tun, wenn deine Hoffnung zu schwinden beginnt? Auch wenn es paradox klingt: In der Bibel rät man uns, einfach weiter zu hoffen, genau wie Abraham es tat. Lies noch einmal Römer 4,18: *„Obwohl alles hoffnungslos schien, gab Abraham die Hoffnung nicht auf, sondern glaubte* [Gottes] *Worten."* Versuche, aus deiner Kraftquelle zu schöpfen – der Bibel –, wenn du in eine Sackgasse geraten bist. Sie ist eine Schatztruhe voller Hoffnung. Lies darin. Studiere sie. Lerne Verse auswendig. Denke intensiv darüber nach. Das Wort Gottes wird deinen Glauben wiederbeleben. Es wird dir neue Hoffnung schenken. Es wird deine Beziehung zu Gott vertiefen. Es gibt nichts, das dich so gut ermutigen kann wie die Bibel.

Eine Sackgasse stellt ebenfalls eine Prüfung für deinen Glauben dar. Über Abraham können wir lesen: *„Abraham glaubte so unerschütterlich an Gott, dass er sogar bereit war, seinen einzigen Sohn Isaak zu opfern, als Gott ihn auf die Probe stellte."*[9] Als Gott Abraham mitteilte, er wolle, dass dieser seinen Sohn opfere, reagierte Abraham nach Aussage der Bibel nicht ablehnend. Er geriet auch nicht in Panik, denn er erinnerte sich an das, was Gott tun kann, und verließ sich auf das, was Gott ihm versprochen hatte. Bevor sie den Berg bestiegen, um das Opfer zu bringen, sagte Abraham deshalb auch zu seinen Dienern: *„Der Junge und ich ... werden zu euch zurückkommen."*[10] Als Isaak wissen wollte: *„Wo ist das Lamm für das Opfer?"*, entgegnete Abraham: *„Gott wird schon dafür sorgen."*[11]

Abraham befand sich in einer Sackgasse. Aber die Rettung war nah.

Schließlich kamen sie an die Stelle, die Gott Abraham genannt hatte. Dort baute Abraham einen Altar und schichtete das Holz darauf. Dann fesselte er seinen Sohn Isaak und legte ihn auf den Altar, oben auf das Holz. Abraham nahm das Messer, um seinen Sohn als Opfer für den Herrn zu töten. In diesem Augenblick rief der Engel des Herrn ihn vom Himmel: „Abraham! Abraham!" …

Da sah Abraham auf und entdeckte einen Schafbock, der sich mit den Hörnern in einem Busch verfangen hatte. Er holte den Schafbock und opferte ihn anstelle seines Sohnes als Brandopfer.[12]

Erst als das Messer schon erhoben war, bot Gott einen Ausweg.

Was passiert, wenn man in eine Sackgasse gerät und Gott einen bittet, den Traum aufzugeben, von dem man dachte, Gott hätte ihn geschenkt? Kannst du deinen Traum aufgeben – voller Vertrauen? Kannst du glauben, dass Gott dich retten wird? Abraham tat, was Gott ihm auftrug. Und er bestand die Glaubensprüfung.

Wenn du in einer Sackgasse steckst, dann erinnere dich an das, was Gott tun kann, und verlass dich auf das, was Gott versprochen hat. Nimm ihn beim Wort.

Sieh den Tatsachen vertrauensvoll ins Auge

In Römer 4,19–20 heißt es: *„Abrahams Glaube blieb unerschüttert, obwohl er wusste, dass er viel zu alt war, um noch Vater zu werden, und seine Frau Sara keine Kinder mehr bekommen konnte. Abraham zweifelte nicht und vertraute auf* *die Zusage Gottes.*" Abraham war damals 99 Jahre alt, Sara 90 und unfruchtbar – und doch kündigte Gott an, sie würden ein Kind bekommen. Das war medizinisch gesehen unmöglich. Sie waren weit über ihr gebärfähiges Alter hinaus. Aber hier lesen wir, dass Abraham einerseits den Tatsachen ins Auge sah, andererseits aber unerschütterlich an Gottes Versprechen glaubte.

....

**Glaube bedeutet,
sich den Tatsachen zu stellen,
ohne sich von ihnen
entmutigen zu lassen.**

....

Glaube bedeutet nicht, dass man die Realität leugnet. Glaube bedeutet nicht, dass man so tut, als hätte man kein Problem. Glaube bedeutet nicht, dass man sagt: „Ich habe keine Schmerzen", wenn es uns schlecht geht, oder: „Ich bin glücklich", wenn wir in Wirklichkeit trauern. Das ist kein Glaube; das ist Realitätsleugnung. Glaube bedeutet, sich den Tatsachen zu stellen, ohne sich von ihnen entmutigen zu lassen. Glaube ist das Vertrauen, dass Gott größer ist als unsere Probleme. Der Schlüssel zum Glauben liegt darin, über die momentanen Umstände hinauszuschauen und den Blick auf den ewigen Gott zu richten. Eine solche Haltung sagt: *„So sind wir nicht auf das Schwere fixiert, das wir jetzt sehen, sondern blicken nach vorn auf das, was wir noch nicht gesehen haben. Denn die Sorgen, die wir jetzt vor uns sehen, werden bald vorüber sein, aber die Freude, die wir noch nicht gesehen haben,* *wird ewig dauern.*“[13] Es hängt also alles mit dem Blickwinkel zusammen.

Wenn du in eine Sackgasse gerätst, dann erinnere dich an das, was Gott tun kann, verlass dich auf das, was Gott gesagt hat, und stelle dich vertrauensvoll den Tatsachen. Und dann gibt es noch einen weiteren Schritt.

Erwarte, dass Gott eine Lösung schenkt

Abraham sagte zu Isaak: *„Gott wird schon für ein Opferlamm sorgen.*“[14] Er ging also davon aus, dass Gott eine Lösung schenken würde. Und aufgrund seines unerschütterlichen Glaubens war auch Abrahams Gehorsam unerschütterlich. Er tat genau das, was Gott ihm aufgetragen hatte.

Dies ist eine wichtige Lektion im Blick auf den Glauben. Glaube bedeutet nicht nur zu sagen, dass man an Gott glaubt, sondern auch, so zu leben. Das macht der Jakobusbrief deutlich: *„Es reicht nicht, nur Glauben zu haben. Ein Glaube, der nicht zu guten Taten führt, ist kein Glaube – er ist tot und wertlos.*“[15]

Was erwartest du in deiner gegenwärtigen Situation von Gott? Vielleicht erwartest du gar nichts von ihm. Aber wie Gott in deinem Leben handelt, hängt auch von deinen Erwartungen ab. Darauf wies schon Jesus hin: *„Was ihr in eurem Vertrauen von mir erwartet, soll geschehen.*“[16] Was glaubst du, dass Gott tun wird?

Wie Gott in deinem Leben handelt, hängt auch von deinen Erwartungen ab.

Der Apostel Paulus verstand diesen Grundsatz des Glaubens: Aus Vertrauen erwächst Entschlossenheit. Paulus vertraute darauf, dass Gott handeln würde. Deshalb war Paulus entschlossen, seine Sackgasse hinter sich zu lassen. Er schrieb: *„Wir haben wirklich Vernichtendes erlebt, sodass wir schon glaubten, nicht mit dem Leben davonzukommen ... Doch auf diese Weise haben wir gelernt, nicht auf uns selbst zu vertrauen, sondern auf Gott, der die Toten auferweckt. Und tatsächlich hat er uns aus der Todesgefahr befreit. Nun sind wir sicher, dass er es wieder tun wird.“*[17]

Paulus war am Ende seiner Möglichkeiten angelangt. Er fragte sich, ob sein Traum ausgeträumt war. Aber er wusste gleichzeitig, dass Gott ihn in der Vergangenheit gerettet hatte, deshalb vertraute er darauf, dass Gott ihn in der Gegenwart retten würde, und er glaubte fest, dass Gott ihn auch in der Zukunft retten würde. Paulus weigerte sich, die Hoffnung aufzugeben.

Wenn du in eine Sackgasse geraten bist, dann tu das, was auch Paulus getan hat. Erinnere dich an das, was Gott bereits in deinem Leben getan hat, und glaube daran, dass er es wieder tun wird. Halte an der Hoffnung fest. Rettung ist unterwegs.

Kapitel 7
Rettung ist schon unterwegs

Gott, der euch berufen hat, ist treu;
er wird halten, was er versprochen hat.

1. Thessalonicher 5,24

Unsere Sackgasse ist das Tor zu der Lösung, die Gott schenkt.

Im Fall von Mose bahnte Gott einen Weg, wo es keinen Weg gab. Vor ihnen das Meer und hinter ihnen das Heer des Pharaos, befanden sich die Israeliten in einer hoffnungslosen Sackgasse. Aber Rettung war schon unterwegs.

Gott sagte zu Mose: *„Halte deinen Hirtenstab hoch, strecke ihn über das Meer aus und teile es. Dann sollen die Israeliten trockenen Fußes hindurchgehen. ... Dann streckte Mose seine Hand über das Meer aus. Da ließ der Herr das Wasser durch einen starken Ostwind zurückgehen. Der Wind blies die ganze Nacht, teilte das Meer und verwandelte den Meeresboden in trockenes Land. So konnten die Israeliten trockenen Fußes mitten durch das Meer ziehen; links und rechts von ihnen stand das Wasser wie eine Mauer.“*[1] Als die Israeliten das andere Ufer sicher erreicht hatten, ließ Gott das Wasser wieder an seinen Platz zurückfließen, und die feindliche Armee ertrank im Meer.

Gott hatte sein Volk aus einem bestimmten Grund in diese Sackgasse geführt. Er wollte es lehren, ihm zu vertrauen, und er wollte seine Macht zeigen.

Gibt es etwas, das Gott dir beibringen will, während du in deiner Sackgasse feststeckst?

Im Matthäusevangelium wird davon erzählt, dass Jesus auf dem Wasser geht: *„Sofort danach schickte Jesus seine Jünger zum Boot zurück und befahl ihnen, ans andere Ufer überzusetzen, während er die Menschen nach Hause entließ. Dann stieg er allein in die Berge hinauf, um dort zu beten. Als es dunkel wurde, war er immer noch allein dort oben. Währenddessen hatte sich das Boot weit vom Ufer entfernt und war in schweren Seegang geraten, denn ein starker Wind war aufgekommen. Gegen drei Uhr morgens kam Jesus über das Wasser zu ihnen."*[2]

Machen wir uns klar: Die Jünger gerieten in diesen Sturm, weil sie Jesus gehorcht hatten. Sie taten genau das, was er ihnen aufgetragen hatte. Jetzt fürchteten sie um ihr Leben und Jesus war nirgends in Sicht. Sie wähnten ihn noch immer am jenseitigen Ufer, wo sie ihn zurückgelassen hatten.

Sehen wir uns an, wie das Ganze genau ablief: Als die Jünger ablegten, war es noch heller Tag. Die Sonne schien und der Himmel war klar. Dann wurde es Abend, ein Sturm zog auf und das Boot wurde zum Spielball der Wellen. Von Sonnenuntergang bis gegen drei Uhr morgens. Und dann erst kam Jesus zu ihnen – über das Wasser.

Mit anderen Worten: Jesus tauchte nicht gleich beim ersten Anzeichen von Problemen auf. Das Wunder ereignete sich in der schwärzesten Stunde der Jünger.

Wie lange treibst du schon im Sturm umher? Wie düster

ist es gerade bei dir? Doch ganz egal, wie finster deine Situation auch ist: Dein Retter ist schon unterwegs – und er könnte sich dir auf eine Weise zeigen, wie du es noch nie zuvor erlebt hast.

Ganz egal, wie finster deine Situation auch ist: Dein Retter ist schon unterwegs – und er könnte sich dir auf eine Weise zeigen, wie du es noch nie zuvor erlebt hast.

Was ist also der Schlüssel zur Errettung aus der Sackgasse? Du hast die Wahl: Du kannst Angst haben oder Gott anbeten, in Panik geraten oder ihm vertrauen. Und Letzteres kannst du dadurch tun, dass du Gott schon im Voraus für alles dankst, was er tun wird.

Der Schlüssel zur Errettung

Vertrauensvolle Dankbarkeit ist der Schlüssel zur Errettung. Wenn du in einer Sackgasse steckst und es so aussieht, als würde dein Traum nie in Erfüllung gehen, dann danke Gott dafür, dass er bereits eine Lösung hat und diese bald Wirklichkeit werden wird – selbst wenn du noch nichts davon siehst. Gott im Voraus zu danken ist ein großer Glaubensschritt – und Gott antwortet immer auf Glauben! Ganz abgesehen davon, dass Jesus selbst uns gelehrt hat, dies zu tun.

Im 11. Kapitel des Johannesevangeliums finden wir den Bericht über die Auferweckung von Lazarus. Jesus hielt sich gerade in Jerusalem auf, als Maria und Marta – zwei Frauen, mit denen er befreundet war – ihm aus Bethanien die Nachricht überbringen ließen, dass ihr Bruder Lazarus krank sei. Jesus musste ihn unbedingt heilen! Bethanien war nur etwa zwei Meilen entfernt, aber Jesus brauchte drei Tage, um dorthin zu gelangen. Als er in Bethanien eintraf, war Lazarus gestorben. Er lag bereits seit vier Tagen im Grab. Jesus kam zu spät – zumindest dachten Maria und Marta das. Beide sagten übereinstimmend: *„Herr, wärst du hier gewesen, wäre mein Bruder nicht gestorben."*[3] Aber Jesus war nicht gekommen, um Lazarus zu heilen. Er kam, um ihn vom Tod aufzuerwecken.

....

Jesus war nicht gekommen, um Lazarus zu heilen. Er kam, um ihn vom Tod aufzuerwecken.

....

Du denkst, dass du weißt, was die beste Lösung für dein Dilemma ist. Du denkst vielleicht, dass du die Situation überblickst. Und du hast Gott genau gesagt, was er tun soll, wie er es tun soll und wann er es tun soll. Aber Gott ist eben Gott und nicht du! Daher solltest du ihn die Dinge auf seine Weise und zu seiner Zeit tun lassen. Gleichzeitig darfst du immer damit rechnen, dass Gott deine Erwartungen vielleicht sogar noch übertrifft.

Jesus wies die Beistehenden an, den Stein vom Grab des Lazarus wegzurollen. Dann richtete er seinen Blick in den Himmel und sagte: *„Vater, ich danke dir, dass du mich erhört hast.“*[4] Jesus dankte Gott im Voraus! Das war der Schlüssel dazu, dass Gott eingriff. Nachdem er Gott dafür gedankt hatte, dass sein Gebet erhört worden war, rief Jesus: *„Lazarus, komm heraus!“*[5] Und Lazarus verließ sein Grab.

Auch Abraham hatte verstanden, was es mit der vertrauensvollen Dankbarkeit auf sich hat: *„Er zweifelte nicht, sondern vertraute Gottes Zusage. Ja, sein Glaube wurde nur noch stärker. Er gab Gott die Ehre, fest davon überzeugt, dass Gott sein Versprechen erfüllen würde.“*[6] Abraham glaubte Gottes Verheißung, obwohl noch nichts davon zu sehen war, dass diese sich erfüllen würde.

Wenn du Gott für etwas dankst, *bevor* es geschieht, zeigst du ihm deinen Glauben.

Wenn du Gott für etwas dankst, *nachdem* es geschehen ist, zeigst du ihm schlicht deine Dankbarkeit. Wenn du ihm für etwas dankst, *bevor* es geschieht, zeigst du ihm deinen Glauben. Jesus hat dies getan und Abraham ebenfalls. Es ist die höchste Form des Glaubens, wenn man Gott im Voraus für das dankt, wovon man glaubt, dass er es tun wird. Damit sagen wir: „Gott, ich weiß nicht, wie du den Traum, den du mir geschenkt hast, wahr werden lassen willst. Ich stecke gerade in einer Sackgasse. Aber ich danke dir im Voraus, dass du weißt, was du tust, und dass du alles so führen wirst, dass es mir zum Guten dient“ (nach Römer 8,28).

Die größte Rettungsaktion

Stell dir den Kummer und die Verzweiflung der Jünger vor, als sie Jesus am Kreuz hängen sahen. Ihr Freund, ihr Lehrer, der, in den sie all ihre Hoffnung gesetzt hatten, der Mann, dem sie drei Jahre ihres Lebens gewidmet hatten, war tot. Sie hatten geglaubt, dass Jesus sein Reich errichten und sie mit ihm herrschen würden. Aber das war nun alles Geschichte. Wie war es möglich, dass der Messias, der Sohn Gottes, einen so schmählichen Tod gestorben war? Ihr Traum war geplatzt. Alle Hoffnung war dahin.

Sie wussten nicht, dass Gott ein echter Spezialist ist, wenn es darum geht, Kreuzigungen in Auferstehungen zu verwandeln. Drei Tage lang lag der Leib Jesu leblos in einem von römischen Soldaten bewachten Grab. Doch am dritten Tag kehrte Jesus von den Toten zurück. Es war die größte Rettungsaktion der Geschichte.

Jesus’ vermeintliche Endstation entpuppte sich als das Ende des Todes. Durch unsere Sünde haben wir den Tod und die ewige Trennung von Gott verdient – doch dieses Urteil wurde aufgehoben. Selbst wenn unser Körper stirbt – unsere Seele kann ewig leben, in Gottes Gegenwart, im Himmel, unserem endgültigen Land der Verheißung.

Drei Wege, auf denen Gott Rettung schenkt

Es gibt drei grundlegende Möglichkeiten, wie Gott uns rettet: Er schenkt äußere, innere und ewige Rettung. Wenn Gott uns äußerlich rettet, verändert er auf wundersame Weise unsere Lebensumstände, so wie bei den Israeliten: *„So rettete der Herr Israel an jenem Tag vor den Ägyptern.“*[7] Gott greift ein und das Meer teilt sich. So etwas wird auch in deinem Leben hin und wieder geschehen, aber es wird nicht immer passieren.

In anderen Fällen rettet Gott uns nicht, indem er die Umstände verändert, sondern indem er *uns* verändert. Das ist die innere Erlösung, die Gott schenken kann. Er schenkt uns einen neuen Traum, eine neue Einstellung oder eine neue Perspektive. Gott hat auch die Lebensumstände von Paulus nicht verändert, als dieser, angekettet an seinen Bewacher, in einem römischen Kerker saß. Aber er hat seine Sicht der Dinge verändert. Paulus schrieb daraufhin an seine Freunde: *„Liebe Freunde, ihr sollt wissen, dass alles, was hier mit mir geschehen ist, letztlich zur Verbreitung der Botschaft Gottes beigetragen hat.“*[8] Weil Paulus wusste, dass sein Leid einem höheren Zweck diente, war er besser darauf eingestellt, mit Verzögerungen, Schwierigkeiten und Sackgassen klarzukommen.

Gottes dritte und letztendliche Form der Errettung ist der Himmel. Das ist Gottes ewige Erlösung – und sie wird endgültig und für immer sein. Gott hat nicht versprochen, alles Leid aus der Welt zu schaffen. Gott hat nicht versprochen, jedes Problem so zu lösen, wie wir es uns wünschen.

Gott hat nicht versprochen, dass wir, solange wir leben, alle unsere Lieben um uns haben werden. Es gibt auf dieser Welt Schmerz. Es gibt Trauer und Leid. Aber vergessen wir eines nicht: Wir leben noch nicht im Himmel, wir leben auf der Erde. Unsere endgültige Erlösung wird kommen – in Gottes Ewigkeit, wo es keinen Schmerz oder Kummer, keine Krankheit und kein Leid, keine Trauer und keine Enttäuschung mehr geben wird.

Ganz gleich, wie Gott dich aus deiner Sackgasse herausführt, *dass* er es tut, steht fest: *„Denn auf Gott ist Verlass; er hält, was er zugesagt hat."*[9] Seine Lösung wird vielleicht nicht so aussehen, wie du dir das vorstellst, aber sie wird so sein, wie es für dich am besten ist. Gott hat versprochen, das gute Werk, das er in dir begonnen hat, zu vollenden (Philipper 1,6), und er wird dich nicht einen Augenblick länger warten lassen, als notwendig ist, um dieses Werk in dir zu Ende zu führen.

Was sollte deine erste Reaktion sein, wenn Gott dich rettet? Freude! So hat Paulus jedenfalls reagiert. Nachdem der Apostel Schiffbruch erlitten hatte, geschlagen worden war und im Gefängnis gesessen hatte, rettete Gott ihn. Und obwohl Paulus weiterhin mit Schwierigkeiten zu kämpfen hatte, entschied er sich zu sagen: *„Freut euch im Herrn. Ich betone es noch einmal: Freut euch!"*[10]

Sich zu freuen ist kein Gefühl, es ist eine Entscheidung.

Vielleicht steckst du gerade in einer Sackgasse und weißt nicht, was du tun sollst. Du würdest dich ja gern freuen. Du wartest auf ein Wunder – die Linderung einer schmerzlichen Erfahrung, eine Gebetserhörung, dass du einen Ausweg aus einer ausweglosen Situation findest – und bist kurz davor, die Hoffnung zu verlieren, dass Gottes Traum Wirklichkeit wird.

Oder vielleicht hat Gott dir auch eine bestimmte Zusage gegeben, die sich nicht so erfüllt, wie du gedacht hast oder wie du es aus der Bibel kennst. Du hast lange an der Hoffnung festgehalten und würdest nun am liebsten aufgeben.

Eines solltest du dir vor Augen halten: Wenn es darum geht, seine Zusagen zu erfüllen, sind Gott nicht dadurch Grenzen gesetzt, wie viel Zeit dir noch auf dieser Erde bleibt. Jesus sagte: *„Himmel und Erde werden vergehen, doch meine Worte bleiben ewig."*[11] Du kannst dich darauf verlassen, dass er seine Verheißungen erfüllen wird, ohne gleichzeitig darauf zu bestehen, dass sie sich dann erfüllen, wann du dies willst oder erwartest. Gott hat eine ganze Ewigkeit Zeit, sein Wort zu halten!

Fang also schon jetzt an, Gott für seine Auswege und seine Errettung zu danken, die er bereits in die Wege geleitet hat. Jesus kann die hoffnungslose Endstation, in der du dich gerade befindest, in endlose Hoffnung verwandeln. Selbst wenn du in noch so viele Sackgassen gerätst, wird Gott dir immer wieder einen Weg in die Freiheit eröffnen – hier auf dieser Welt und schließlich eines Tages im Himmel. Und warum? Weil: *„Seine Liebe ist jeden Morgen neu und seine Treue unfassbar groß."*[12]

Gott ist ein Gott der zweiten Chancen. Gott ist ein Gott der neuen Wege. Er wiederholt nicht endlos dieselben alten Dinge. Er wird dir im Laufe deines Lebens vielleicht mehr als einen Traum schenken. *„In den letzten Tagen, spricht Gott, werde ich meinen Geist über alle Menschen ausgießen. Eure Söhne und Töchter werden weissagen, eure jungen Männer* *werden Visionen haben und eure alten Männer prophetische Träume.*“[13]

Aber um die Träume zu verwirklichen, die Gott für dein Leben hat, musst du dich auf das Neue einlassen, das Gott tun will: in deiner Familie, in deinem Arbeitsumfeld, in deinen Freundschaften, in seiner Gemeinde und in der Welt, in der du lebst. Und Gott möchte, dass du aufmerksam nach dem Neuen *Ausschau hältst,* das er in deinem Umfeld tun will. „*Denkt nicht mehr daran, was war und grübelt nicht mehr über das Vergangene. Seht hin; ich mache etwas Neues; schon keimt es auf. Seht ihr es nicht?*“ lesen wir in Jesaja 43, Verse 18 und 19.

Also vertrau ihm. Halte an ihm fest. Und vergiss nicht: „*Gott kann nämlich alles tun – weit mehr, als ihr euch jemals vorstellen oder erahnen oder in euren wildesten Träumen erbitten könntet! Er tut es nicht, indem er uns herumkommandiert, sondern indem er in uns wirkt, indem sein Geist uns behutsam in unserem tiefsten Inneren bewegt.*“[14]

Gott hatte seinen Traum für dein Leben schon im Sinn, als er dich im Leib deiner Mutter formte. Wozu Gott dich beruft, dazu wird er dich auch befähigen – zu seiner Zeit und auf seine Weise. Du solltest dich also nicht beklagen, nörgeln, diskutieren oder zweifeln, denn er wird diesen Traum verwirklichen. Er ist treu. Aber er wird dir diese sechs Phasen des Glaubens wahrscheinlich nicht ersparen: vom Traum bis zur Entscheidung über Verzögerungen, Schwierigkeiten und Sackgassen bis hin zur Rettung und Verwirklichung deines Traums. Und diesen Weg wirst du vermutlich öfter durchlaufen, er ist keine einmalige Erfahrung. In Psalm 50,15 ermutigt uns Gott jedoch: „*Wenn du keinen Ausweg mehr siehst, dann rufe mich zu Hilfe! Ich will dich retten, und du sollst mich preisen.“*

....

Wozu Gott dich beruft,
dazu wird er dich auch befähigen.

....

Gib niemals die Träume auf, für die Gott dich erschaffen hat. Denn er wird dich auch niemals aufgeben.

Noch ein paar Gedanken zum Schluss ...

Ich bin so froh, dass du Gottes Traum für dein Leben entdecken und realisieren willst.

Ich habe schon oft gedacht, dass außergewöhnliche Menschen eigentlich nur ganz normale Menschen sind, die sich einem außergewöhnlichen Traum verschrieben haben – dem Gott-Traum. Und ich bin überzeugt, dass nichts anderes im Leben uns größere Erfüllung schenkt, als wenn wir das tun, wozu Gott uns geschaffen hat.

Um dich auf deinem Weg zur Verwirklichung der Träume, die Gott dir schenkt und für dich bereithält, zu ermutigen, habe ich *Daily Hope* entwickelt – meine kostenlose E-Mail-Andacht und den dazugehörigen Podcast. Dadurch erhältst du täglich biblische Einsichten in deinem virtuellen Posteingang.

Daily Hope soll dich dazu inspirieren, noch intensiver in Gottes Wort einzutauchen und eine tiefe, erfüllende Beziehung zu ihm aufzubauen. Beides ist unerlässlich, wenn du das Leben leben willst, für das du bestimmt bist.

Ich freue mich darauf, dich auf deiner Reise zu begleiten. Denn den Traum Gottes für dein Leben zu verwirklichen, ist das größte Abenteuer, das du je erleben wirst.

Hier kannst du dich für den Newsletter *Daily Hope* eintragen:
www.PastorRick.com/Dream

Diskussions- und Reflexionsfragen

Die folgenden Fragen beziehen sich auf einige der in diesem Buch vorgestellten Grundsätze. Die Fragen sollen dir helfen, den Prozess besser zu verstehen, den Gott erfahrungsgemäß benutzt, um den Traum Wirklichkeit werden zu lassen, den er dir schenkt. Nimm dir Zeit, das Gelesene im persönlichen Nachdenken oder im Rahmen einer Kleingruppe zu vertiefen.

Kapitel 1
Was der Glaube mit Träumen zu tun hat

Ein großer Traum ist ein persönliches Glaubensbekenntnis.

- Was ist der größte Traum, den du bislang in deinem Leben geträumt hast? Inwiefern spiegelt er deinen Glauben an Gott wider?

Während du an der Verwirklichung deines Traums arbeitest, wird Gott an deinem Charakter arbeiten.

- In welcher Weise möchtest du mit Gottes Hilfe geistlich und emotional wachsen, wenn du seinen Traum für dein Leben verfolgst?

Gottes Traum zu entdecken und ihn zu verfolgen ist kein Glaubensschritt, sondern ein Glaubensweg.

- Warum erfüllt Gott dir deinen Traum nicht auf einmal, sondern verwirklicht ihn Schritt für Schritt?

Wo Gott führt, sorgt er auch für uns.

- Im Hinblick worauf musst du Gott heute bitten, für dich zu sorgen, damit du seinen Traum für dich weiterverfolgen kannst?

Kapitel 2
Gottes Traum für dein Leben entdecken

Ohne einen Traum wirst du vielleicht ständig mit deiner Identität ringen und dich immer wieder fragen, wer du eigentlich bist.

- Welchen Traum hat Gott dir geschenkt? Könnte er Teil deiner Identität sein?

Gottes Traum wird niemals im Widerspruch zu Gottes Wort stehen.

- Wie kannst du wissen, ob dein Traum den Aussagen der Bibel widerspricht?

Nicht nur Träume können ansteckend sein, für Entmutigung gilt das Gleiche.

- Denke einmal an deine engsten Freunde. Inwiefern ermutigen sie dich, Gottes Traum für dein Leben zu verfolgen? Inwiefern entmutigen sie dich?

Gibt es denn etwas Wichtigeres, als Gottes Traum für dein Leben zu verwirklichen? Das ist schließlich der Grund, warum er dich geschaffen hat.

- Welche Dinge buhlen am meisten um deine Aufmerksamkeit und halten dich davon ab, dich für Gottes Traum zu engagieren? Welche Schritte könntest du unternehmen, um Gottes Traum für dein Leben höchste Priorität einzuräumen?

Kapitel 3
Aktiv werden

In der Entscheidungsphase geht es nicht darum, schnelle Entscheidungen zu treffen. Es geht darum, die *richtigen* Entscheidungen zu treffen.

- Welchen konkreten Schritt könntest du heute unternehmen, um die Bibel besser kennenzulernen, damit du kluge Entscheidungen treffen kannst?

Das Problem ist, dass wir oft lieber klug *wirken* wollen, als auch wirklich klug *zu sein*.

- Welche Personen, die du kennst, würdest du als klug bezeichnen? Inwiefern sind diese Menschen auch ein Vorbild in Sachen Demut?

Verwechsle niemals Entscheidungsfindung mit Problemlösung.

- Wie kannst du dich geistlich und emotional auf die Probleme vorbereiten, mit denen du wahrscheinlich bei der Verwirklichung deines Traums konfrontiert werden wirst?

Kapitel 4
Durststrecken überstehen

Die Erfüllung der Verheißung verzögerte sich, weil die Israeliten Angst hatten.

- Wie könntest du zum Beispiel deine Angst überwinden?

Zwischen Säen und Ernten liegt immer eine Zeit des Wartens.

- Welche Eigenschaften von Jesus soll Gott in dir wachsen lassen, während du auf die Verwirklichung deines Traums wartest? Bitte Gott, diese Eigenschaften in dir zu entwickeln und reifen zu lassen, damit du auch in einer Zeit des Wartens an deinem Traum festhältst.

Eine Verzögerung ist keine Verweigerung.

- Wie reagierst du, wenn Gott auf eine Bitte mit „Noch nicht“ antwortet statt mit „Nein“? Welche Reaktionen wünscht er sich wohl von dir auf seine Antwort?

Kapitel 5
Schwierigkeiten bewältigen

Bei jeder Gelegenheit, die sich dir bietet, solltest du dir die Frage stellen: *Ist das im Einklang mit Gottes Absichten für mich?*

- Warum ist es wichtig, vertrauenswürdige, gläubige Menschen um sich zu haben, wenn man zu entscheiden versucht, ob eine Gelegenheit von Gott kommt? Wer sind diese Menschen in deinem Leben?

Was *mit* dir geschieht, ist nicht annähernd so wichtig wie das, was *in dir* geschieht.

- Was war die schwerste Prüfung, die du bislang erlebt hast? Inwiefern hat diese Prüfung dich in einer Weise verändert, die für die Ewigkeit von Bedeutung ist?

Probleme dauern nicht ewig an, sondern gehen vorüber.

- Wenn du dir neu bewusst machen müsstest, dass deine Probleme nur von vorübergehender Dauer sind: An welchen ewigen Wahrheiten könntest du dich dann orientieren?

Kapitel 6
Umgang mit Sackgassen

Wenn du in eine Sackgasse gerätst, dann richte deinen Blick nicht auf das, was *du nicht* tun kannst, sondern auf das, was *Gott* tun *kann.*

- Warum möchte Gott wohl, dass du an einen Punkt kommst, an dem du verstehst, dass du nicht alles aus eigener Kraft tun kannst?

Glaube bedeutet, sich den Tatsachen zu stellen, ohne sich von ihnen entmutigen zu lassen.

- Wenn du glaubst, dass Gott größer ist als deine Probleme, inwiefern wird das etwas an der Art und Weise ändern, wie du mit Herausforderungen umgehst?

Wie Gott in deinem Leben handelt, hängt auch von deinen Erwartungen ab.

- Wie könntest du Gott ganz praktisch zeigen, was du von ihm in deiner Sackgasse erwartest, anstatt es ihm nur zu sagen?

Kapitel 7
Rettung ist unterwegs

Je finsterer deine Situation, je verzweifelter deine Lage, je hoffnungsloser die Dinge scheinen, desto größer ist vielleicht die Erlösungstat, auf die Gott dich gerade vorbereitet.

- Wie könntest du heute Gott anbeten, während du darauf wartest, dass er dich von deinen Schwierigkeiten befreit?

Jesus war nicht gekommen, um Lazarus zu heilen. Er kam, um ihn vom Tod aufzuerwecken.

- Wenn du Gott um sein Eingreifen bittest – darum, dass er dich aus deiner Sackgasse befreit –, wie könntest du in deinen Gebeten Raum dafür lassen, dass er deine Erwartungen sogar noch übertrifft?

Wenn du Gott für etwas dankst, *bevor* es geschieht, zeigst du ihm deinen Glauben.

- Was glaubst du, dass Gott für dich tun wird, wenn du seinem Traum für dein Leben folgst? Danke ihm im Voraus dafür: „Gott, ich weiß nicht, wie du den Traum, den du mir geschenkt hast, Wirklichkeit werden lässt. Aber ich will dir im Voraus dafür danken, dass du weißt, was du tust, und dass du alles zu meinem Besten machen wirst."

Wozu Gott dich beruft, dazu wird er dich auch befähigen.

- Auf welche Weise hat Gott dich für den Traum, den er dir geschenkt hat, begabt und vorbereitet? Willst du darauf vertrauen, dass er dich auch mit allem Nötigen versorgen wird, selbst wenn du jetzt noch nichts davon sehen oder es verstehen kannst?

Anmerkungen

Kapitel 1

1 1. Mose 1,27
2 1. Mose 1,1
3 Johannes 1, 3–4
4 Hebräer 11,6 (GN)
5 1. Timotheus 6,7 (GN)
6 Philipper 1,6
7 Sprüche 14,12 (GN)
8 Epheser 2,10
9 Hoffnung für alle
10 Epheser 3,20 (MSG)
11 Sprüche 4,18
12 Markus 9,23
13 Matthäus 9,29
14 2. Korinther 1,8 (Das Buch)
15 Epheser 3,20 (MSG)

Kapitel 2

1 Hebräer 11,6 (GN)
2 Römer 12,2 (Hfa)
3 Jeremia 29,11
4 Gute Nachricht Bibel
5 Römer 12,2

6 Johannes 1,12
7 1. Petrus 4,10
8 Sprüche 27,17
9 1. Korinther 15,33
10 1. Thessalonicher 5,24
11 Apostelgeschichte 20,24

Kapitel 3

1 Jakobus 1,5
2 Sprüche 3,13
3 Kolosser 3,15 (Hfa)
4 Sprüche 18,13; Übersetzung nach dem Wortlaut der *Living Bible*
5 Sprüche 24,6 (GN)
6 Römer 15,4
7 Psalm 119,70 (NeÜ)
8 Lukas 14,28.31
9 Johannes 16,33
10 Sprüche 22,3
11 Prediger 11,4; Übersetzung nach dem Wortlaut der *Living Bible*
12 Römer 8,31

Kapitel 4

1 2. Mose 13,17–18
2 5. Mose 8,2
3 Sprüche 29,25
4 Hebräer 13,5
5 4. Mose 21,4
6 Psalm 37,7
7 Prediger 3,1
8 Philipper 4,8–9
9 4. Mose 14,2

10 Galater 6,9
11 Lukas 18,1
12 Psalm, 106,7–8
13 2. Petrus 3,9
14 Habakuk 2,3 (Hfa)

Kapitel 5

1 Johannes 16,3
2 2. Korinther 11,23–28 (MSG)
3 2. Korinther 4,16 (MSG)
4 2. Korinther 6,4
5 Apostelgeschichte 27,11 (GN)
6 Psalm 73,16–17
7 Apostelgeschichte 27,31
8 2. Korinther 4,16–17
9 Johannes 8,32
10 Sprüche 28,13
11 Apostelgeschichte 27,25
12 Hebräer 13,5

Kapitel 6

1 2. Mose 12,31
2 2. Mose 14,13–14
3 Jesaja 7,9
4 1. Mose 22,2
5 Hebräer 11,19
6 Römer 4,17
7 Lukas 18,27
8 Hoffnung für alle
9 Hebräer 11,17 (Hfa)
10 1. Mose 22,5

11 1. Mose 22,7–8 (Hfa)
12 1. Mose 22, 9–13
13 2. Korinther 4,18
14 1. Mose 22,8 (GN)
15 Jakobus 2,17
16 Matthäus 9,29 (GN)
17 2. Korinther 1,8–10

Kapitel 7

1 2. Mose 14,16.21–22
2 Matthäus 14, 22–25
3 Johannes 11, 21.32
4 Johannes 11,41
5 Johannes 11,45
6 Römer 4,20 (Hfa)
7 2. Mose 14,30
8 Philipper 1,12
9 Hebräer 10,23 (NeÜ)
10 Philipper 4,4
11 Matthäus 24,35
12 Klagelieder 3,23 (GN)
13 Apostelgeschichte 2,17
14 Epheser 3,20 (MSG)

Die amerikanische Originalausgabe erschien unter dem Titel *Created to Dream. The 6 Phases God Uses to Grow Your Faith*
Published by Zondervan, 3900 Sparks Dr. SE, Grand Rapids, Michigan 49546.

1. Auflage 2024
Bestell-Nr. 821053
ISBN 978-3-98695-053-8

Umschlaggestaltung: Mareike Schaaf
Umschlagfoto: NeoLeo/Shutterstock
Satz: Greiner & Reichel, Köln
Druck und Verarbeitung: GGP Media GmbH, Pößneck
Printed in Germany

www.gerth.de